W9-DIR-246

Implementando el Nuevo Proceso Penal en Ecuador: Cambios y Retos

© 2001 The Due Process of Law Foundation
ISBN 0-9674696-2-7

Indice

iii

Capítulo II
Implicaciones y Retos para los Jueces

Capítulo III
La Policía y el Ministerio Público y su Transformación

Capítulo IV
El Sistema de Defensa Pública y la Representación de la Víctima en el Nuevo Sistema

Capítulo V
Estrategias (Nacionales e Internacionales) para buscar apoyo para las Reformas

Introducción

Douglass Cassel[*]

La Fundación para el Debido Proceso Legal tuvo el honor de auspiciar, conjuntamente con el Centro de Estudios de Justicia de las Américas, la Universidad San Francisco de Quito, la Fundación Esquel y la USAID/Ecuador, el seminario "Implementando el Nuevo Procesal Penal en Ecuador: los Cambios y Retos que Implica," realizado en Quito los días 2 y 3 de octubre de 2000. El evento gozó de la hospitalidad gentil de la Universidad San Francisco de Quito y de sus instalaciones impresionantes. Fue apoyado por una donación de USAID/Ecuador.

La idea del establecimiento de una institución dedicada al mejoramiento y la modernización de los sistemas nacionales de justicia en las Américas, tal y como es la Fundación para el Debido Proceso Legal, tiene sus orígenes en la creación, en 1992, de la Comisión de la Verdad de las Naciones Unidas para El Salvador. La Comisión fue integrada por el ex Presidente de Colombia, Belisario Betancur, el ex Ministro de Relaciones Exteriores de Venezuela, Reinaldo Figueredo, y el ex Presidente de la Corte Interamericana de Derechos Humanos, Thomas Buergenthal, actual Juez de la Corte Internacional de Justicia. Entre sus asesores jurídicos la Comisión contó con el suscrito.

En El Salvador, los tres miembros de la Comisión enfrentaron cara a cara con un sistema judicial corrupto y abusivo, el cual, a menos que fuera reformado, haría imposible la transición de un sistema básicamente opresivo y carente de respeto a la ley, a un país en el cual el estado de derecho y las instituciones democráticas tendrían oportunidad de arraigarse gradualmente. Por lo tanto, dentro de las recomendaciones contenidas en el in-

---

[*] Presidente Ejecutivo de la Fundación para el Debido Proceso Legal y Vice Presidente del Consejo Directivo del Centro de Estudios de Justicia de las Américas.

1

forme de la Comisión de la Verdad, hicieron referencia a la necesidad de reformar el sistema de justicia.

Con el tiempo, la experiencia en El Salvador les llevó a reflexionar sobre la situación en otros países de nuestra región y a comprender que, mientras el caso de El Salvador era en muchos aspectos único, otros países en nuestra región padecían, en mayor o menor medida, los efectos de sistemas de administración de justicia arcaicos, ineficientes, opresivos, corruptos y ampliamente antidemocráticos, los cuales necesitaban ser reformados.

Concluyeron, por lo tanto, que el mejoramiento y la reforma de los sistemas para la administración de justicia existentes necesitaban volverse un asunto prioritario en la agenda de todos aquellos que creen en la promoción de los derechos humanos en las Américas. De no prestarse atención, estos sistemas de justicia impedirán que una auténtica democracia se arraigue en nuestra región. Con el tiempo, ellos producirán una insatisfacción popular generalizada con el riesgo de llevar líderes autoritarios al poder, iniciándonos nuevamente en el ciclo de violencia y represión que muchos de nosotros todavía recordamos demasiado bien.

En resumen, estas son las consideraciones que llevaron en 1996 a los ex miembros de la Comisión de la Verdad de las Naciones Unidas para el Salvador y a algunos de sus amigos y colegas a establecer la Fundación para el Debido Proceso Legal. Y éstas son básicamente las consideraciones que sirven como puntos de referencia para las actividades de la Fundación.

La Fundación inauguró sus actividades en 1998, con una conferencia en Washington, D.C., sobre "Reformas a la Justicia Penal en las Américas", organizada en cooperación con la Fundación Interamericana de Abogados. La conferencia reunió expertos de varios países, quienes conocen de cerca el proceso de las reformas procesales penales en la región. Hubo una discusión seria de los logros de la nueva legislación y de sus limitaciones. La Fundación decidió seguir, como una línea de trabajo principal, la discusión y análisis de las reformas procesales penales en la región: sus efectos en la práctica y las medidas destinadas a mejorar su diseño e implementación.

El seminario de octubre de 2000 en Ecuador se centró en los cambios y retos concretos que enfrenta el sistema procesal penal al hacer el cambio de un sistema inquisitivo escrito a un sistema oral público y acusatorio. El objeto de este evento fue de reunir expertos de la región que han trabajado en esfuerzos para implementar reformas procesales penales con expertos y operadores de la justicia en Ecuador que están enfrentando los desafíos de implementar un nuevo código procesal penal que entraría en vigencia en julio del 2001. Con la combinación de las perspectivas de eminentes juristas ecuatorianos y expertos internacionales con experiencia en esfuerzos similares en otros países, se buscó contribuir a los esfuerzos para asegurar la adecuada implementación de la nueva normativa procesal.

Los participantes ecuatorianos enfatizaron los problemas del sistema existente y la preparación en términos de capacitación, reformas institucionales, necesidades de infraestructura y equipamiento, recursos, liderazgo y coordinación necesaria para la implementación de estos cambios profundos. Los expertos internacionales compartieron su experiencia con procesos similares en Bolivia, Chile, El Salvador, Guatemala y Panamá. Al mismo tiempo que advirtieron sobre algunos de los retos que inevitablemente están en el camino, explicaron cómo las reformas en otros países han contribuido a crear procesos penales más transparentes, con una mejor división de roles (entre policía, Ministerio Público, defensoría pública, víctimas y jueces) que realmente fortalece la independencia judicial y protege a los derechos individuales.

Demostrando el grado de interés en el tema tanto en le país como en la región, asistieron al evento el Dr. Osvaldo Hurtado, ex presidente de Ecuador, así como el Dr. Carlos Roberto Reina, ex presidente de Honduras y de la Corte Interamericana de Derechos Humanos, los dos miembros del Consejo Directivo de la Fundación. Vale observar que Honduras también está por implementar una nueva normativa procesal penal. También asistieron otros miembros del Consejo Directivo de la Fundación: el

3

Dr. Reinaldo Figueredo, Presidente del Consejo Directivo, el Sr. Alain Philippson de Bélgica, y el suscrito, quien además de su cargo con la Fundación lleva el cargo de Vice Presidente del Consejo Directivo del Centro de Estudios de Justicia de las Américas.

La propuesta central que surgió del seminario fue la aprobación de un plan en el que se adoptaran todas las previsiones necesarias para que la aplicación del nuevo Código no tuviera tropiezos, así como la conformación de una Comisión que se encargara de la aplicación del Plan. Estas propuestas fueron presentadas a, y aceptadas por, todos los estamentos, pero nunca llegaron a ser formalmente expedidas por medio de un Decreto Ejecutivo.

Entendemos que el problema central sigue siendo la falta de coordinación entre las distintas instituciones. Por ejemplo, los jueces han tenido su programa de capacitación y los fiscales y la policía los suyos. Lo que habría que ver es si estos programas han sido congruentes.

La vigencia del nuevo Código ya es un hecho. Los esfuerzos para prorrogar su vigencia, incluso un proyecto de ley en este sentido, no prosperaron. Una demanda de inconstitucionalidad fue denegada por el Tribunal Constitucional. Se esperaba concluir con la capacitación de jueces precisamente el 13 de julio de 2001, el día de la entrada en vigencia del nuevo Código.

La capacitación es un componente esencial, pero, como claramente indican las presentaciones de este seminario, no suficiente para garantizar el buen funcionamiento del nuevo Código. Se espera que la discusión reflejada en este seminario y retomada en las páginas que siguen ayudará en enfrentar algunos de los otros aspectos esenciales para una transición exitosa: la coordinación intra-institucional, recursos adecuados para todas las instituciones involucradas en la implementación del nuevo Código, la creación de una institución de defensa pública, la creación de medidas adecuadas para proteger a las víctimas, etc. De las experiencias de otros países y de los comentarios de los ecuatorianos quienes participaron en este evento, sabemos que estos cambios no son fáciles, que siempre habrá resistencia, problemas presupuestarios, y problemas de adaptación. Por otro lado, quedó evidente que hay mucha capacidad y creatividad en Ecuador; el reto es de organizarla a favor de le reforma.

Entre los países de la región también empezando sus procesos de implementación de Códigos similares, incluso Bolivia, Chile, Honduras y Paraguay, habrá mucho para intercambiar sobre los obstáculos encontrados y los problemas superados. La vigencia del nuevo Código, aún después de un período de preparación, siempre resulta ser un paso inicial. Hacerlo realmente funcionar, adecuar las instituciones a los nuevos retos, analizar que otras reformas sean necesarias, es el trabajo por adelante. Esperamos que los aportes reunidos en este informe y las Conclusiones del Seminario puedan contribuir a este proceso. Reconociendo que se necesita un monitoreo constante, la Fundación para el Debido Proceso Legal tiene toda la disposición para acompañar a los procesos de implementación de los nuevos procesales penales.

En la elaboración de esta publicación contamos con el aporte de varias instituciones y personas que han prestado una colaboración imprescindible. En particular deseamos agradecer las contribuciones de María Belén Pazmiño, Patricia Esquetini, Patricia Salazar y Farith Simon de la Fundación Esquel; Alvaro Galindo de la Universidad San Francisco de Quito; Laura Park y Margaret Popkin de la Fundación para el Debido Proceso Legal; Eileen Rosin nuestra Consultora de Edición; Lucrecia Tola de USAID/Ecuador; y Juan Enrique Vargas del Centro de Estudios de Justicia de las Américas.

Douglass Cassel
Presidente Ejecutivo
Fundación para el Debido Proceso Legal
Chicago
Junio de 2001

Bienvenida por Parte de Representantes de las Distintas Instituciones Auspiciantes del Evento

Dr. Santiago Gangotena
Canciller de la Universidad San Francisco de Quito

Como Canciller de la Universidad San Francisco de Quito quería darles una cordial bienvenida en nombre de la Universidad San Francisco de Quito y en especial del Colegio de Jurisprudencia.

Estoy seguro que estos días serán muy fructíferos para todos los participantes en este evento, y que el mismo será de gran importancia para el proceso de reforma judicial en el Ecuador.

Para la Universidad es un honor albergar un evento de esta importancia y participar en el proceso de discusión de temas trascendentales para el país.

Gracias.

Dr. Fabián Corral
Decano de la Facultad de Jurisprudencia de la Universidad San Francisco de Quito

Buenos días. En primer lugar, quisiera agradecer la concurrencia de ustedes y saludarles especialmente a todos las personas que han venido del extranjero, a todos los que han venido del Ecuador, a los profesores universitarios, y un saludo muy cordial y una bienvenida especial a los Ex Presidentes, Doctor Oswaldo Hurtado Larrea y al señor ex presidente de Honduras.

Como ustedes conocen, la Escuela de Jurisprudencia de la Universidad San Francisco es una de las escuelas más nuevas y tenemos todavía muy pocos estudiantes. Sin embargo, estamos haciendo un ensayo distinto de lo que es formar abogados en el Ecuador, una forma mucho más reflexiva; una forma, yo diría, especialmente crítica, que no es una característica del abogado ecuatoriano y, creo, del abogado latinoamericano que ha tenido generalmente el perfil del abogado administrador de lo que ya está en las leyes. No sé si ustedes han reparado eso — en el Ecuador, como en otros países, las leyes no las hacen los abogados, las hacen los políticos y generalmente las hacen mal. Y lo que hacen los abogados o hacemos y hemos hecho siempre es administrar esas leyes. Por eso creo que estamos logrando formar estudiantes fundamentalmente críticos, que entiendan lo que es la ley pero antes que entiendan que es, lo que está detrás de la ley, los valores, los referentes, los datos, porque creemos que los abogados tienen que ser gente que entienda y sepa manejar información, cosa que tampoco es muy usual en el país, al punto que muchos notables abogados, por esa frustración frente a la falta de información que se maneja cuando uno es abogado, han terminado de analistas o de personas que desde otro ángulo hacen análisis critico de la realidad.

En el tema que nos ocupa tenemos mucho interés, ustedes son expertos, en el tema de ver cómo se va acoplando a la realidad una nueva normativa procesal, y creo que en este tema obviamente ustedes son las personas que más conocen. Creo que es la primera vez que en el Ecuador se expide una ley utilizando en una forma inteligente el régimen o el sistema de la vacancia de la ley para que la ley pueda irse incorporando a la realidad y que no sea ese cambio súbito usualmente inconsulto de que desde el primero de mayo o desde el primero de octubre ya está vigente otra ley que nadie conoce, que nadie entiende, que no ha sufrido un proceso de contextualización a la realidad. Por eso creo que el tema del nuevo sistema de Código de Procedimiento Penal es un interesantísimo ejemplo de cómo se pueden ir haciendo las cosas con el propósito de ir acoplando o contextualizando una nueva ley, una realidad que ciertamente es distinta. Sabemos que el sistema anterior que predominaba y que marcaba el código procesal penal es absolutamente diferente del que hoy va a entrar en vigencia en el Ecuador.

Desde ese punto de vista nos parece que el tema es de un especial interés académico. Por eso yo quiero enfatizar nuestra disposición, el ánimo y el interés que tiene el Colegio de Jurisprudencia para poder aportar un poco, contagiarnos del espíritu, del conocimiento y de la sabiduría de ustedes y el debate de un asunto extraordinariamente interesante de manera que me congratulo de que estén todos ustedes acá, que tengan la oportunidad de combatir de la manera mucho más serena, más amplia, con las facilidades que tiene y que ofrece la universidad, y deseándoles, por supuesto, que tengan la mejor estadía tanto los ecuatorianos como los extranjeros.

Muchas gracias.

Dr. Reinaldo Figueredo
Presidente del Consejo Directivo de la Fundación para el Debido Proceso Legal

Muchas gracias. Excelentísimo señor Presidente Hurtado, Presidente Reina, señor Canciller, señor Rector, Vicerrector.

La Fundación para el Debido Proceso Legal se acordó con otras fundaciones y esta universidad y con USAID a los efectos de analizar el nuevo proceso penal que se está dando en general en nuestros países y específicamente el sistema procesal penal que se está conformando aquí en este país.

La Fundación para el Debido Proceso tiene su sede en Washington y fue iniciada por los tres miembros de la Comisión de la Verdad para El Salvador, comisión de las Naciones Unidas en el proceso de paz que se dio en el Salvador. Los tres miembros fuimos el profesor Thomas Buergenthal, hoy en día juez en la Haya, el ex presidente de Colombia Belisario Betancur, y yo mismo que no soy abogado, soy economista, pero que viví una experiencia en la Comisión de la Verdad para El Salvador que me conmovió profundamente en todo el conocimiento que obtuvimos de lo que sufrió ese país. Independientemente de los factores que llevaron al conflicto que todos conocemos, el sufrimiento se agudizó por un sistema judicial corroído en la máxima expresión que uno puede utilizar de ese calificativo. En lo personal, me aboqué a que una fundación que se estableciera en Estados Unidos pudiera encontrar interlocutores válidos de los mejores especialistas de la reforma que deben adelantar nuestros países para consolidar verdaderamente una democracia, porque sin un sistema judicial, no solamente en lo penal sino todo el sistema judicial, no habrá democracia real en nuestros países.

Dra. Hilda Arellano
Directora, Agencia de los Estados Unidos para el
Desarrollo Internacional en el Ecuador
(USAID/Ecuador)

En nombre de la Agencia de los Estados Unidos para el Desarrollo Internacional quiero presentar un cordial saludo de bienvenida y un sincero agradecimiento a quienes participan en este importante seminario.

Por otro lado, nuestra Agencia desea agradecer a la Fundación para el Debido Proceso Legal por su interés en organizar para el Ecuador un evento del más alto nivel profesional. Al mismo tiempo felicitamos a la Universidad de San Francisco de Quito por la voluntad expresada para actuar como organización anfitriona de este encuentro trascendental para la discusión de la reforma penal en el Ecuador.

La aprobación de un nuevo Código de Procedimiento Penal con características modernas para el tratamiento de los casos penales así como la incorporación en la Constitución de importantes elementos para el sector judicial, son pasos fundamentales hacia la reforma de la justicia ecuatoriana. Los desafíos que deberá enfrentar el país para aplicar este nuevo Código e implementar las reformas constituciones son enormes. De allí la importancia de llevar a cabo eventos como el que se está inaugurando esta mañana en donde organizaciones públicas y privadas del Ecuador podrán apreciar las experiencias de países hermanos de América Latina.

USAID ha venido apoyando desde hace varios años los esfuerzos del país por impulsar la reforma de la justicia. Hemos colaborado con organizaciones del sector público y privado mediante estudios, asistencia técnica, formulación de leyes, proyectos concretos de iniciativas que incidan positivamente en la reforma, eventos de discusión, seminarios, talleres, y otras actividades. Esta experiencia nos permite manifestar que para lograr verdaderos cambios en la reforma de la justicia se requieren organizaciones públicas transparentes, con un alto grado de voluntad política, y que sean receptivas a una amplia participación de la sociedad civil.

Una vez más, permítanme aplaudir los esfuerzos de las organizaciones que han convocado este encuentro en donde estamos seguros se abordarán temas críticos para iniciar un tratamiento serio y profesional sobre la implementación del nuevo proceso penal en el Ecuador. Esperamos que de las conclusiones y recomendaciones se deriven acciones y compromisos concretos que deberá asumir el país lo antes posible. Gracias.

Resumen Ejecutivo

Margaret Popkin*

La Conferencia "Implementando el Nuevo Proceso Penal en Ecuador: Los Cambios y Retos que Implica" fue organizada por la Fundación para el Debido Proceso Legal, la Fundación Esquel, y la Universidad San Francisco de Quito con el co-auspicio del Centro de Estudios de Justicia de las Américas y la Agencia para el Desarrollo Internacional del gobierno de los Estados Unidos (USAID)/Ecuador. La Conferencia se llevó a cabo los días 2 y 3 de octubre de 2000 en las instalaciones de la Universidad San Francisco de Quito.

En la conferencia participaron magistrados de la Corte Suprema de Ecuador, miembros del Consejo de la Judicatura, jueces, fiscales, policías, donantes, miembros de la comunidad académica y de organizaciones no-gubernamentales y expertos de Bolivia, Chile, Costa Rica, El Salvador y Estados Unidos.

El Canciller de la Universidad San Francisco de Quito, el Dr. Santiago Gongotena, dio palabras de bienvenida, así como el Decano de la Facultad de Jurisprudencia, el Dr. Fabián Corral. En nombre de la Fundación para el Debido Proceso, el Dr. Reinaldo Figueredo explicó el interés de la Fundación en aportar al proceso ecuatoriano. Por la USAID, la Dra. Hilda Arellano también expresó palabras de bienvenida.

Las cinco sesiones de trabajo fueron inauguradas por el Profesor Douglass Cassel. En casi todos las sesiones, ponentes nacionales e internacionales hicieron presentaciones, seguidas por un período de preguntas y discusión. Las sesiones enfocaron los distintos cambios y retos implicados en el nuevo proceso penal, para los jueces, policías, fiscales, defensores, y para las víc-

---

* Directora Ejecutiva de la Fundación para el Debido Proceso Legal.

timas. También hubo una sesión sobre estrategias para buscar apoyo para las reformas. Al concluir el seminario, se logró un consenso entre los participantes sobre una serie de conclusiones y recomendaciones dentro de las cuales se puede destacar las siguientes:

- La reforma a la administración de justicia penal que el nuevo Código trae consigo supone cambios profundos en la organización y en las funciones de las instituciones directamente vinculadas con el proceso: jueces y tribunales penales, Ministerio Público, policía judicial y la defensoría pública. Pese a las acciones que algunas instituciones están haciendo para responder a esta necesidad de cambio, los participantes consideran que estos esfuerzos requieren de coordinación y de profundización.

- La dimensión de la reforma y la circunstancia de que esté directamente vinculada con la vigencia del debido proceso y el respeto a las garantías fundamentales, elementos centrales del estado democrático de derecho, requieren que la implementación del nuevo Código sea una decisión nacional expresada e impulsada al más alto nivel.

- La experiencia de otros países de la región ha mostrado la conveniencia de que para promover los trabajos relacionados con la implementación del Código, se conformen comisiones que operen en los ámbitos de decisión política, coordinación interinstitucional y ejecución técnica. En estas comisiones convendría que participen la Presidencia de la República, la Corte Suprema de Justicia, el Consejo Nacional de la Judicatura, el Ministerio Público, la policía judicial, las facultades de derecho, los Colegios de Abogados y las organizaciones de la sociedad civil que trabajen en el sector justicia, en sus respectivas competencias.

A continuación se presenta un breve resumen de las ponencias. Los textos completos de varias presentaciones y de las conclusiones y recomendaciones se encuentran en este volumen.

El nuevo código: la transición del sistema inquisitivo al sistema acusatorio — implicaciones y retos

Expositores:
* Dr. Juan Enrique Vargas, Director Ejecutivo, Centro de Estudios de Justicia de las Américas
* Dr. Alberto Wray, Profesor de la Facultad de Jurisprudencia de la Universidad San Francisco de Quito
* Dr. Ricardo Vaca Andrade, Presidente de la Comisión de Recursos Humanos del Consejo Nacional de la Judicatura de Ecuador
* Dr. Walter Guerrero, Ex Presidente de la Corte Suprema de Justicia de Ecuador

El **Dr. Vargas** hizo énfasis en la necesidad de diseñar estrategias más integrales de reforma en la región. Explicó que actualmente existen tres grandes estrategias de reforma judicial en América Latina que enfocan distintos problemas dentro de los sistemas judiciales pero no necesariamente toman en cuenta otros elementos. Según el Dr. Vargas, las reformas procesales penales son parte de la estrategia que enfoca cambios sustantivos en la definición de los roles y funciones dentro del sistema judicial. En este sentido, las reformas buscan sustituir los procesos inquisitivos y escritos con procesos acusatorios, orales, y públicos. Estas reformas implican un cambio radical en la definición de las funciones de los jueces y de los otros operadores del sistema judicial, tales como el Ministerio Público y la defensoría pública. Es importante tomar en cuenta que estas reformas implican una redistribución del poder político. Debido a la falta de una visión integral del sistema judicial y de las reformas, muchas veces los cambios de ley no se realizan. "La reforma procesal plantea la importancia de establecer las funciones de la institución, el problema que debe solucionar, y la forma para hacerlo." El próximo paso sería buscar la mejor forma de organización. El Centro de Estudios de Justicia de las Américas, del cual el Dr.

Vargas es el primer Director Ejecutivo, tiene precisamente el propósito de apoyar a los países en la región en el diseño de estrategias más integrales de reforma.

El **Dr. Wray** enfatizó la prevalecencia de la impunidad en Ecuador y la concentración de funciones en los jueces como factor clave en esta realidad. Explicó que los jueces tienen que "conducir todo el proceso investigativo y después, durante la etapa intermedia, convertirse nuevamente en jueces para juzgar su propia pobre o buena o mala actuación durante el sumario." Esta situación debe mejorar bajo la nueva normativa según la cual el Ministerio Público tendrá la responsabilidad para dirigir las actuaciones de la policía judicial. El Dr. Wray señaló el reto que este cambio implica ya que la policía no está dispuesta a actuar como auxiliar del Ministerio Público en la etapa de investigación. Recalcó que nunca han trabajado bien en coordinación el Ministerio Público con la policía ni con los jueces, pero subrayó que el éxito de las reformas requerirá tales coordinaciones.

Según el **Dr. Vaca,** uno de los problemas que enfrenta la aplicación del nuevo Código de Procedimiento Penal es la dependencia – orgánica, institucional y presupuestaria — de la policía judicial de la policía nacional. En esta situación, "El oficial superior de la policía puede imponer – ordenar, en definitiva — a un agente de la policía judicial que un informe salga en tal o cual sentido." El Dr. Vaca insiste que sería necesaria una absoluta autonomía o independencia de la policía judicial de la policía nacional y recomendó que el Ministerio Público debe crear su propio servicio de investigación con investigadores propios de la institución, independientes de la policía judicial. Advirtió que existe el riesgo que el foco de corrupción pase de los comisarios de policía y los intendentes a los fiscales, quienes en el nuevo proceso tendrán la facultad de decidir si se inicia un proceso penal. Por otra parte, enfatizó la necesidad de dotar de recursos adecuados a la policía y al Ministerio Público para permitirles cumplir con sus nuevas responsabilidades.

El **Dr. Guerrero** habló de su participación en el largo proceso (de diez años) de preparación del nuevo proyecto de ley y el logro de su aprobación en el Congreso Nacional. Explicó algunos de los factores que habían influido en la decisión de crear un nuevo Código de Procedimiento Penal: la larga duración de la etapa de sumario y la baja efectividad procesal del sistema inquisitivo escrito. Según el Dr. Guerrero, sólo el 8% de los procesos pasan a la etapa del juicio o plenario, mientras el otro 92% terminan vía sobreseimiento o prescripción de la acción. Uno de los cambios fundamentales en el nuevo Código es que no se vierten pruebas en la etapa de investigación fiscal y se traslada la carga probatoria a la etapa del juicio. Mientras que en el sistema actual escrito se puede tramitar un juicio sin conocer a la otra parte o al juez, en el nuevo sistema "los fiscales abandonan la escritura, salen de los juzgados para trabajar en la calle, para investigar en la calle con la policía." A los jueces se les quita la tarea investigativa, para dejarlos la tarea de administrar justicia, de juzgar, de resolver, y de dictar sentencias. El Dr. Guerrero subrayó que al igual que la reconocida necesidad de fortalecer al Ministerio Público, hay que crear por completo a la defensoría pública para que el nuevo proceso pueda funcionar.

Implementando el nuevo procesal penal en Bolivia

El **Dr. Alberto Morales Vargas**, entonces Coordinador General del Equipo Técnico de Implementación para el nuevo Código de Procedimiento Penal en Bolivia, explicó que las reformas aprobadas en mayo de 1999 para entrar en plena vigencia dos años después buscaban incorporar de manera sistemática las protecciones de la Convención Americana sobre Derechos Humanos. En Bolivia, se decidió la implementación anticipada de la aplicación restringida de las medidas cautelares. Se han incorporado jueces legos en el proceso penal para acercar la justicia penal a la realidad social y se ha establecido que la actividad probatoria debe realizarse en audiencias públicas abiertas a cualquier ciudadano. El nuevo régimen cautelar busca la aplicación real del principio de la presunción de inocencia, "de manera tal que la aplicación de las medidas cautelares no se convierta en el injusto y anticipado cumplimiento de una pena por una persona a la que el Estado le reconoce su condición de inocente en tanto no pese en su contra una sentencia condenatoria ejecutoriada." En la nueva normativa boliviana, "toda medida que restrinja derechos debe ser ordenada a pedido de parte y mediante auto motivado, que es impugnable y revisable aún de oficio, si las condiciones que han dado lugar a su aplicación desaparecen o se han transformado." El 31 de mayo del 2000 empezó a aplicarse el nuevo régimen cautelar que hace excepcional la detención preventiva de personas.

Antes de la aprobación del nuevo Código, se organizó dentro del Ministerio de Justicia y Derechos Humanos un equipo interdisciplinario de pre-implementación de la reforma que se convirtió posteriormente en el Equipo Técnico de Implementación. En noviembre de 1998, se publicó el documento "Aspectos Básicos para la Implementación del Nuevo Código de Procedimiento Penal"[†] y se comenzó a desarrollar el Plan Nacional de Implementación. Se identificaron seis áreas de trabajo: adecuación institucional, capacitación, aplicación anticipada, descongestionamiento y liquidación de causas, difusión a la sociedad civil, y adecuación normativa, y se formaron tres órganos de implementación: la Comisión Nacional de Implementación, el Comité Ejecutivo de Implementación, y el Equipo Técnico de Implementación.

Implicaciones y retos para los jueces

Expositores:
- Dr. Arturo Donoso, Presidente de la Segunda Sala de la Corte Suprema de Ecuador
- Lic. Edward Sidney Blanco, juez de instrucción de San Salvador

El **Dr. Donoso** enfatizó que el reto principal para la implementación del nuevo Código es la existencia de la voluntad por parte de los jueces para cumplir con sus disposiciones. Destacó que, en la actualidad, la mayoría de jueces no cumplen con sus obligaciones bajo el Código de Procedimiento Penal de 1983. Por ejemplo, no van a las prisiones para hacer los reconocimientos de firma cuando hay desistimientos, no toman testimo-

---

[†] Incluido en este volumen, ver Anexo II.

nios directamente y muchos no van a las inspecciones judiciales.
Para hacer realidad de la nueva normativa, los jueces tendrán que
aceptar su nuevo papel como "conductores del proceso" con la
obligación primaria de garantizar el debido proceso: los derechos
del imputado, los derechos del acusador, y los derechos de la
víctima. También destacó que habrá que tener suficientes jueces
con la voluntad de tomar las pruebas en forma directa para cumplir con el principio de inmediación procesal. Recalcó que el
juez tendrá un papel fundamental en la valoración de la prueba
como legalmente actuada y procesalmente aceptable; o sea, la
determinación si se puede incorporarla al proceso. El Dr. Donoso
concluyó "que no es cuestión de recursos sino de aceptar que
tenemos que capacitarnos y que tenemos que cumplir lo que dice
la ley."

El **Lic. Blanco** habló de la experiencia con la implementación de un nuevo Código Procesal Penal (y Código Penal)
en El Salvador desde abril de 1998. Mencionó importantes cambios: por ejemplo, antes se utilizaba la confesión extrajudicial
como prueba principal mientras que ahora la confesión extrajudicial está desplazada; en cambio, la policía se dedica a hacer sus
investigaciones más técnicas. El Salvador ha conservado el rol
del juez de paz y le corresponde decidir si se debe remitir el caso
a la instrucción o concluirlo en ese juzgado, por alguna de las
vías alternas permitidas por la ley. Los jueces de paz resuelven el
60% de los casos que ingresan. En el nuevo sistema, ni el juez de
paz ni el juez de instrucción es investigador; ambos esperan los
resultados de las investigaciones dirigidas por el fiscal. Pero el
juez "sigue teniendo el poder de controlar la instrucción, de encomendarle al fiscal que realice determinadas investigaciones..."
Aunque algunos jueces se resistían a los cambios, según el Lic.
Blanco "nunca antes el juez tiene tanto poder como ahora." Ma-
nifestó que el sistema oral trae consigo una auto depuración: "los
jueces que no quieren estudiar y que están aferrados a un sistema
escrito, lento, arcaico, pernicioso, pues se auto depuran solos;
luego se dan cuenta que no caben en este sistema." Concluye
Blanco que, después de dos años y medio de vigencia del nuevo
código, "nadie tiene la valentía de salir públicamente a expresar
nostalgias del viejo sistema; nadie echa de menos el sistema penal anterior, porque, al contrario, nos ha revelado la perversión y

la corrupción que existían en el anterior."

Implicaciones y retos para el Ministerio Público y la policía

Expositores:
* Dr. John Birkett, Abogado, Ex Fiscal del Guayas, Ecuador
* Teniente Ingeniero Renato Cevallos, Jefe Departamento de Planificación y Coordinación, Dirección Nacional de la Policía Judicial, Ecuador

El **Dr. Birkett** enfatizó que el nuevo Código, por primera vez, busca otorgar al Ministerio Público la conducción de las indagaciones previas y la investigación procesal penal con el apoyo de la policía judicial. Esta reforma traslada la responsabilidad para la dirección de la investigación de los jueces a los fiscales. Birkett explicó que "se le obliga a impulsar esa acusación en la sustanciación del juicio penal. Esto es no sólo en la investigación pre y procesal penal y la presentación de acusación, sino también en el proceso activamente hasta su terminación." Para asumir sus nuevas responsabilidades, se inició hace más de dos años una serie de talleres y trabajos conjuntos de capacitación interinstitucional entre el Ministerio Público y la policía. La Constitución dispone que el Ministro Fiscal General organizará y dirigirá un cuerpo policial especializado y un Departamento Médico Legal. El Ministerio Público, sin embargo, no tiene el presupuesto para asumir sus nuevas responsabilidades sin la ayuda de otras instituciones. La Constitución también ha otorgado al Ministerio Público la responsabilidad para vigilar el funcionamiento y aplicación del régimen penitenciario y la rehabilitación social del delincuente. El Ministerio Público igualmente debe velar por la protección de las víctimas, testigos y otros participantes en el juicio, pero le falta los medios económicos y técnicos para cumplir con esta importante obligación. Recalcó que otra obligación constitucional del Ministerio Público es de coordinar y dirigir la lucha contra la corrupción.

El **Teniente Cevallos** explicó que el cambio a una sistema predominantemente acusatorio implica el establecimiento de una división clara entre las funciones de investigación, acusación, y juzgamiento, cada una encargada a funcionarios distintos. La policía judicial estará bajo la dirección funcional del Ministerio Público y habrá más énfasis en la calidad de la prueba recogida. En gran diferencia de la situación actual, en el nuevo sistema procesal penal toda la actuación probatoria estará concentrada en la etapa del juicio oral y público. Será en este momento que la labor realizada por la policía judicial en auxilio de las funciones del fiscal tendrá su gran importancia. Bajo el nuevo sistema, "la forma en que la evidencia haya sido recogida y preservada va a ser crucial en el momento del juicio." Y los policías que recogen la evidencia en el lugar de los hechos tendrán que declarar sobre lo que hicieron bajo la dirección del fiscal. En diferencia de la situación con el Código actual, la nueva normativa establece que "las diligencias investigativas constituirán elementos de convicción y servirán para que el fiscal sustente sus actuaciones."

El sistema de defensa pública y la representación de la víctimas en el nuevo sistema

Expositores:
- Licda. María Gabriela Fernández Pacheco, Consultora Internacional en San José, Costa Rica
- Dra. Natacha Reyes, Directora del Proyecto "Estudios de los centros de atención legal de la sociedad civil y las universidades, en casos penales y otros" Centro de Planificación y Estudios Sociales (CEPLAES), Ecuador
- Dr. Álvaro Ferrandino, Consultor y Ex-Director de la Oficina de Defensa pública, Costa Rica

La **Licda. Fernández** describió la experiencia de Panamá en incorporar activamente a las víctimas dentro del sistema de justicia por medio del establecimiento del Centro de Atención a Víctimas (CAV) dentro del Ministerio Público. Un enfoque importante en Panamá ha sido la inclusión activa de la víctima dentro del proceso penal; facilitar y mejorar la recepción de denuncias; y evitar la revictimización. Ella explicó que muchas veces, especialmente en cierto delitos, el estado emocional de la víctima le hace difícil hacer una exposición lógica de los hechos, situación que puede causar problemas con la prueba. Según la Licda. Fernández, "La falta de coordinación y de trabajo conjunto en las instituciones llevan a multiplicar las declaraciones de la víctima, a que sea repreguntada una y otra vez. Si a esto sumamos la falta de pericia y conocimiento de los operadores del sistema, entenderemos que al final del proceso que se supone debe proteger los derechos de la víctima, se convierte en una trampa." Aclaró que tanto las guías de atención a víctimas, como el sistema informático, fueron diseñados en consulta con la fiscalía y la policía técnica judicial para asegurar que respondieran a sus necesidades y requerimientos. Dentro de los resultados del proyecto fue que "hubo un decremento en el abandono de las denuncias por parte de las víctimas, lo cual era muy frecuente. Existe hoy día un involucramiento activo y participativo y con conocimiento de causa de la víctima de lo que está pasando. La víctima pasó de ser un satélite abandonado en medio del universo de la justicia, a ser un actor activo, que tiene una responsabilidad, pero también una serie de derechos dentro del proceso."

La **Dra. Reyes** presentó los resultados de un estudio sobre los servicios de defensoría legal ofertadas por organizaciones de la sociedad civil en Ecuador. Explicó que los servicios legales alternativos generalmente buscan apoyar a los derechos de los más desprotegidos para mejorar las condiciones de vida de la población. También buscan mejorar el conocimiento de los derechos existentes para mejorar la capacidad de ejercicio de los derechos. Destacó que las organizaciones de la sociedad civil en general tienen una percepción bastante negativa de los actores en la administración de justicia, y que además de deficiencias en sus capacidades técnicas, les falta voluntad de servicio. Al contrario, en las organizaciones de la sociedad civil se encuentra una preocupación especial por mejorar la calidad de sus servicios y por establecer metodologías de intervención. Observó que dentro de los servicios legales universitarios no todos están prestando un servicio de alta calidad. Destacó que las organizaciones de la sociedad civil que otorgan servicio de defensa penal tienden a ser mejor organizadas que las instituciones oficiales, con más voluntad y compromiso. Concluyó con la propuesta que la administración de justicia podría aprovechar de "estas capacidades técnicas ya instaladas", "este capital humano que ha venido formándose", que tiene compromiso con el país para "ayudar al mejoramiento de la justicia" y buscar un acuerdo para utilizar estos espacios para la defensoría pública.

El **Dr. Ferrandino** empezó reconociendo la convicción ya generalizada que en todo proceso y a cada imputado le debe acompañar un abogado defensor, pero insistiendo que no es tan claro si el rol de este abogado defensor es entendido como simplemente legitimar formalmente los procesos o para ejercer de manera efectiva la defensa técnica. Dijo que el derecho a la defensa sirve como motor de las otras garantías incluidas en el nuevo Código, las cuales dependen del derecho de defensa para ponerlas en movimiento. Recalcó que el ejercicio de la defensa técnica debe incluir al menos tres características: ser oportuno, permanente y eficaz. Los deberes fundamentales de la defensa técnica incluyen el deber de información, según el cual el abogado defensor tiene que acercarse al imputado para intercambiar información respecto al caso y fijar una estrategia de defensa conjuntamente con el imputado. Es obligación del defensor visitar a sus defendidos, quienes normalmente están encarcelados, y entrevistar a las personas vinculadas o interesadas en el caso. Igualmente son deberes del defensor conseguir y transmitir al imputado la información pertinente, determinar y discutir las alternativas de defensa, asistir al imputado en decidir si le conviene declarar o participar en otro medio de prueba, y, finalmente, representarlo. Opinó que no importa tanto a cual institución del sector está adscrita la defensa pública, sino que tenga independencia funcional. En cuanto al nuevo Código Procesal Penal ecuatoriano, observó que no establece a qué institución estaría adscrita la defensa pública y enfatizó la necesidad de tener un debate nacional para tomar la decisión. También expresó su preocupación sobre las Disposiciones Transitorias del nuevo Código por haber dejado la posibilidad de seguir utilizando el defensor de oficio por un periodo no limitado mientras no exista un sistema de defensa pública organizado.

21

Estrategias (nacionales e internacionales) para buscar apoyo para las reformas

Expositores:

- Dr. Boris Cornejo, economista, Vice Presidente de la Fundación Esquel
- Dr. Carlos Arrobo, Consultor del Departamento de Justicia de Estados Unidos en Ecuador
- Dr. Miguel Hernández Terán, Profesor de derecho civil en la Universidad Católica de Guayaquil, Director Ejecutivo de PROJUSTICIA
- Dr. Jaime Granados, Asesor, Corporación Excelencia en la Justicia, Colombia [ponencia escrita]

El **Dr. Cornejo** reconoció que la reforma judicial ha sido permanentemente postergada en el proceso de modernización del Estado y de la sociedad en la región. Sin embargo, con los avances en el proceso de modernización y el proceso de interrelación regional, mundial y global, el tema de la reforma judicial se convierte en algo central del cual van a depender las otras reformas. Por esa realidad, es un tema que "compete a la sociedad en su conjunto". El insistió que las personas que dirigen los países deben tener la voluntad política para canalizar los recursos nacionales e internacionales necesarios para sostener ese proceso. El proceso de reforma judicial es grande, de largo plazo, y tiene que ser sostenido y evaluado. Explicó que frente a la reducción de recursos de la cooperación internacional en América Latina, hay una creciente competencia por estos recursos, especialmente para la reforma judicial. Sin embargo, recalcó que si "Ecuador decide poner en su agenda de negociación de la deuda con algunos de los países miembros una indicación de que el tema de la reforma de justicia es altamente prioritario" es probable que esos países tendrán una demanda del gobierno de su deudor, y les interesaría mucho la existencia de una sistema de justicia adecuado, con unas garantías del debido proceso. Concluyó que aunque sea una tarea de muchos años y cantidades enormes de dinero, el impacto y el costo de no hacer la reforma judicial, sus implicaciones en términos de desarrollo, tendrían un costo mucho más alto.

El **Dr. Arrobo** hizo énfasis en la necesidad de lograr un consenso sobre lo que es el nuevo Código y el sistema que se busca adoptar. Además, advirtió que hay contradicciones entre la nueva normativa y otras normas que tiene que ser resueltas, así como incoherencias internas dentro del nuevo Código. Falta también construir la capacidad institucional para llevar adelante la reforma. Destacó la importancia de llegar a un consenso sobre los roles, por ejemplo, del fiscal para determinar si, en su nuevo rol, se viese involucrado en la investigación material, lo cual implicaría la necesidad de capacitación sobre criminalística o si la dirección jurídica de la investigación realmente no implica este tipo de conocimiento. Recalcó, recordando las experiencias de Bolivia y Chile, la importancia de tener una comisión de alto nivel para apoyar la implementación del nuevo Código a la par de otro grupo operativo para llegar a un plan de implementación. Concluyó que "la comisión podría fijarse su marco legal, podría fijarse sus tareas, su forma de funcionamiento y nos podría dar como resultado un plan de implementación".

El **Dr. Hernández** destacó la importancia de trabajar en el fortalecimiento de la participación de la sociedad civil en el acceso a la justicia. Lo ideal sería una reforma del sistema de justicia integral que incluya a todos los brazos de los sistemas. Desde este punto de vista ideal en cuanto a la justicia penal habría que "investigar donde aparentemente hay una infracción, termina en una sanción, y la sanción nos plantea el problema de la pena, de la pena alternativa que está constitucionalizado en el Ecuador." Entonces, habría que llegar hasta el campo de la pena, de su ejecución, y de la rehabilitación. Enfatizó también el problema de la gestión de recursos por la función judicial y la necesidad de fortalecer la gestión de la parte administrativa por vía del Consejo de la Judicatura. Comentó que la capacitación resulta frustrada después de la inversión de recursos en, por ejemplo, un grupo de fiscales que luego termina su período, así perjudicando la sostenibilidad de las reformas. Mencionó que el tema de reforma judicial debe de estar en la agenda de la Cancillería en cuanto a la búsqueda de recursos y que habría que aumentar el acceso a la información sobre posibilidades de financiamiento.

En su ponencia escrita, ya que no pudo estar en el seminario, el **Dr. Granados** cuenta la experiencia colombiana con la reforma procesal penal la cual ha dejado un excesivo poder de decisión en la fiscalía. A pesar del Plan Nacional de Capacitación de la Fiscalía General de la Nación, el proceso de reforma encontró una serie de problemas como la ausencia de un proceso de transición gradual al nuevo esquema; la falta de previsión sobre la congestión del sistema de justicia penal; la resistencia de los funcionarios judiciales; el retraso en la puesta en marcha de la defensoría pública; los conflictos de competencia y divergentes puntos de vista en la administración del órgano judicial; y la ausencia de estabilidad de los funcionarios de la Fiscalía General. La Corporación Excelencia en la Justicia intentó generar un debate acerca de las reformas procesales penales, propiciando foros, haciendo publicaciones, invitando a conversatorios, a ruedas de prensa, enviando cartas abiertas a los responsables de la aprobación del proyecto de ley, etc. Enfatizó que la sociedad civil es "el motor del cambio" que se encarga de sensibilizar a la comunidad jurídica con respecto a los beneficios del nuevo sistema. Subrayó la importancia de la coordinación de esfuerzos para evitar vacíos en la adaptación integral de la reforma.

Capítulo I
El Nuevo Código: La Transición del Sistema Inquisitivo al Sistema Acusatorio — Implicaciones y Retos

Las Estrategias de Reforma Judicial en América Latina

Dr. Juan Enrique Vargas*

Hoy en día en la región estamos viviendo un proceso de cambios a los sistemas judiciales de un grado de intensidad absolutamente desconocido con anterioridad. Por cientos de años nuestros sistemas judiciales prácticamente no han sufrido alteraciones. Incluso el intento deliberado más intenso para hacer cambios en este sector, aquél que acompañó a los procesos emancipadores en este continente, en buena medida terminó como una experiencia frustrada, sin logros que exhibir más allá de un cierto mayor ordenamiento y una mayor institucionalización de un sistema que, en sus raíces, continuó siendo prácticamente igual al de la España colonial.

Hay muchas y muy buenas razones que explican el actual cambio y la mayor atención que está recibiendo un sector judicial, como decíamos, tradicionalmente abandonado. Entre otras se pueden mencionar la revalorización de los sistemas democráticos de gobierno, con el impacto que ellos aparejan sobre la demanda de respeto a los derechos humanos fundamentales. Igualmente ha sido un factor determinante en este sentido el proceso de intensa transformación económica que han vivido nuestros países, que trae consigo una necesidad cada vez mayor de reglas claras y estables y de un sistema judicial eficiente y pre-

* Director Ejecutivo, Centro de Estudios de Justicia de las Américas.

decible en su aplicación. Es posible señalar a la propia participación de la cooperación internacional en el área como un factor que de suyo ha influido en el impulso a los cambios.

Pero no es sobre las causas sobre lo que quisiera referirme en esta oportunidad. Más bien deseo hablarles sobre los contenidos de esas reformas o, incluso con mayor precisión, sobre las estrategias que están detrás de ellas. Detenernos, aunque sea brevemente, en estos aspectos, tengo la impresión, puede ser de enorme utilidad para develar el sentido de los cambios y, sobretodo, indicarnos la mejor forma de manejarlos.

En este momento en América Latina se están desarrollando tres grandes estrategias de reforma judicial. Debo señalar que me estoy refiriendo específicamente a la reforma judicial, no a la reforma legal, que sin dudas tiene alcances mucho mayores, pues toca temas distintos. Mi enfoque se limita a aquellas iniciativas que intentan modificar el funcionamiento de las instituciones judiciales.

Estas tres estrategias nacen de diagnósticos distintos, interpelan a actores diferentes, utilizan instrumentos diversos y presentan consecuencias, creo, que son también bastante disímiles en sus resultados.

No pretendo yo construir una tipología que agote el tema. Es más, todas estas clasificaciones, con el afán de facilitar la comprensión de la realidad a través de su simplificación, siempre corren el riesgo de reducirla en demasía, eliminando los matices que en última instancia permiten entenderla en toda su extensión. Por otra parte, resulta indispensable apuntar que ninguna de las estrategias tipos que se señalarán se dan con absoluta pureza en los países de la región. Siempre encontraremos diferentes suertes de híbridos, con elementos comunes de varias de ellas a la vez, o no plenamente identificable con una a cabalidad. Con tales salvedades paso a explicar mi visión de los procesos de reforma en la región.

Una primera estrategia que es posible identificar y que denominaré de "Ingeniería Institucional" centra su diagnóstico de los problemas del sistema judicial en las deficiencias en su gobierno que presenta y en la calidad de las personas que en él operan. Es bastante común encontrar que, a partir de las deficiencias en el entramado institucional de los sistemas judiciales y de la calidad e independencia de los funcionarios que lo integran, especialmente los jueces, se dé inicio a dos tipos de reformas que prácticamente a todos nuestros países les ha tocado vivir, aunque ciertamente con diferentes magnitudes. Estas reformas apuntan, por un lado, a la creación de nuevos sistemas de gobiernos de los sistemas judiciales, como lo son los Consejos de la Magistratura y, por la otra, a la introducción de modificaciones intensas a los regímenes de carrera judicial, e incluso alteraciones a la propia composición de los poderes judiciales. Hemos visto como varios países de nuestro continente en los últimos años han llegado a sufrir cambios bastantes radicales y traumáticos en la integración de los sistemas judiciales.

Esta estrategia tiene como actores o líderes a instituciones y personas que están fuera del sistema judicial. Esta es la característica, yo diría, más típica de esta estrategia, y ella la liga fuertemente a las coyunturas políticas de los países. Es decir, estas reformas las más de las veces tienen tras de sí motivaciones políticas de carácter bastante contingente. Si bien el diagnóstico que las anima pareciera apuntar a problemas endémicos de los sistemas judiciales, sus detonantes son por lo general críticas muy acotadas al desempeño de ciertos jueces, en cuanto a su calidad, su idoneidad moral o su independencia, críticas que generalmente están asociadas al comportamiento de esos jueces en períodos históricos especialmente sensibles o ante situaciones o casos emblemáticos. Es por ello que la participación de los propios jueces y demás operadores del sistema judicial de los países ha sido mínima en estos procesos de cambios, los que aparecen diseñados más bien contra los jueces que con ellos.

En cuanto al medio utilizado para realizar tales cambios, preferentemente se ha acudido instrumentos legales, a la dictación de nuevas leyes, ya sea reformas institucionales o normas sobre carrera judicial. La aprobación de estas leyes, por el tipo de reforma de que se trata y por el escenario en que se da (los

27

Parlamentos) ha aparejado normalmente una fuerte discusión política.

Una segunda estrategia la podríamos denominar, "tecnocrática modernizadora". Tras ella encontramos un diagnóstico que indica que los sistemas judiciales funcionan mal básicamente porque están mal organizados, porque no hay en ellos un diseño organizacional, ni una definición de procesos, ni un modelo de gestión acordes con el servicio que se desea entregar. El problema residiría entonces en que los sistemas judiciales no han incorporado a su funcionamiento los avances que las disciplinas ligadas a la gestión y que la tecnología ha ido desarrollando hasta la actualidad, continuando ellos funcionando de la misma forma como lo hacían durante la época de la colonia. Hay ciertas imágenes de los sistemas judiciales que manifiestan claramente estos problemas: la forma como se archivan los expedientes, las agujas con que se cosen, etc.

Como se comprenderá, esta estrategia resalta con un especial énfasis la idea de que la justicia, más allá de ser un valor y muy trascendente, consiste en un servicio público que tiene que satisfacer las necesidades de unos usuarios o clientes, gente que concurre a los tribunales con un problema, solicitando algo para lo cual requieren de una solución, pronta y adecuada. La "calidad del servicio" pasa en esta mirada a ser un indicador crítico de los servicios judiciales, frente al cual nuestros sistemas actuales, sin duda, no salen bien parados.

En esta dirección, las reformas paradigmáticas consisten en nuevos modelos de organización de los tribunales, específicamente la creación de tribunales corporativos, con secretarías únicas para un conjunto más o menos amplio de jueces; un nuevo diseño de gestión para los tribunales, con especial énfasis en la profesionalización de la misma –que los jueces se dediquen a juzgar y los administradores a gestionar- y en la incorporación de la tecnología (informática especialmente).

Ha sido muy relevante en estos cambios la acción de la cooperación internacional, particularmente los bancos multilaterales de crédito que operan en la región (el Banco Interamericano de Desarrollo y el Banco Mundial). Internamente, el liderazgo de estos esfuerzos reformadores se ha buscado sea asumido directamente por las cabezas de los sistemas judiciales, ya sean las Cortes Supremas o los Consejos de la Magistratura. La idea es que tratándose de reformas, por así decirlo, "gerenciales", es la cabeza de la institución el que tiene que comprometerse con ellas y llevarlas adelante, tal como sucede en una empresa privada o en cualquier otra institución pública.

En cuanto a los instrumentos, a diferencia de la estrategia anterior, hay un descreimiento radical respecto a las leyes como factor de cambio. Se parte de la base de que leyes hay muchas, de que el problema de los sistemas judiciales no es la falta de ellas, ni siquiera de que sean malas, sino que no se aplican y ello sucede por no existir los diseños organizacionales que permitan su puesta en vigencia. Para quienes sustentan esta visión, dictar nuevas leyes no garantiza que cambie nada. A diferencia del instrumento legal, estas iniciativas propugnan la utilización de los mecanismos propios de la gestión, introduciéndose en los diseños organizacionales, los procesos de trabajo, las estructuras de mando y de control, en fin en una serie de áreas donde pueden hacerse muchos cambios, sin que ello exija necesariamente alterar el estatuto legal de la institución o requiera hacerlo sólo en forma marginal.

Ayuda en esa dirección el que no se esté pensando en este caso en hacer cambios refundacionales — de una vez alterar el perfil completo de las instituciones del sector — sino más bien se pretende lograr el cambio y la mejoría luego de un conjunto de múltiples intervenciones acotadas, nada traumáticas una a una, pero que, tras un estrategia de hibridación, lograrían en definitiva transformar las organizaciones, haciéndolas funcionar no sólo distinto, sino mejor.

La tercera estrategia privilegia cambios sustantivos en la definición de los roles y funciones dentro del sistema judicial: se enfoca más al funcionamiento de la institución — lo que ella debe hacer y producir — que en la organización que ésta se da para lograrlo. En lo inmediato, le interesa más qué es lo que deben hacer los jueces, como profesionales y detentadores de poder público, que en la institucionalidad que los cobija. La reforma por antonomasia en esta dirección es la radical reforma procesal penal que muchos de nuestros países, entre ellos el Ecuador, han abordado en los últimos años, sustituyendo los tradicionales procesos inquisitivos y escritos por juicios acusatorios, orales y públicos. Pero también esta reforma ha alcanzado el área civil, donde se ha venido en los últimos años redefiniendo el espacio propio de lo jurisdiccional, lo que ha implicado ampliar enormemente la utilización de mecanismos alternos para resolver conflictos y desjudicializar asuntos administrativos que tradicionalmente han sido de competencia de los jueces, aun cuando no haya envuelto en ellos ningún conflicto que deba ser resuelto por un juez. También las reformas han significado en esta área modificar los sistemas procesales y los mecanismos de financiación de los sistemas judiciales.

Lo importante de esta reforma, es que ella importa una nueva definición de la función de los jueces y demás operadores del sistema judicial. Su rol es visto de una manera nueva y distinta, y es a partir de esa nueva definición de roles que comienza a construirse el sistema, lo que, indudablemente, debiera también terminar impactando en la organización de las instituciones y su gestión. Pareciera natural que si el juez ya no debe investigar y es otro, el fiscal, el que debe realizar esa función, y la defensa pasa a tener múltiples oportunidades para intervenir desde las etapas iniciales del procedimiento. Esas tres instituciones — poder judicial, Ministerio Público y defensoría — debieran pasar a organizarse de manera distinta a aquella que tenían cuando desempeñaban funciones diversas.

Los actores o líderes de este tipo de reformas provienen generalmente de fuera de los sistemas judiciales. Son excepcionales los casos en que los mismos jueces o fiscales son los que impulsan este tipo de reformas. Por lo general se trata entonces de un liderazgo y de unas reformas en buena medida impuestas exógenamente al sistema judicial, desde el mundo académico y político. Esto último no deja de tener sentido desde el momento en que estas reformas importan una fuerte redistribución del poder político en cada país. Con ellas el poder punitivo estatal cambia, en importante proporción, de manos, y éste no es un tema menor. Piénsese que es ese poder el que en buena medida define y justifica la propia existencia del Estado. Se trata entonces, desde todo punto de vista, de reformas refundacionales.

Estas reformas, por su naturaleza, reivindican el instrumento legal como la gran palanca de cambio en el sector. Lamentablemente, las más de las veces, no pasa de éste. Es decir, el gran cambio que ellas persiguen se queda en una nueva ley, cuya implementación práctica está rodeada de tantos vacíos e improvisaciones, además de una aguda falta de recursos, que impide su real materialización.

La idea que a partir de esta breve descripción quisiera transmitirles es que estas tres estrategias tipo de reforma judicial, que se han dado casi sin excepciones en nuestros países en los últimos años, han corrido por carriles absolutamente diversos y hasta enfrentados, lo que ha redundado en que ninguna de ellas haya satisfecho adecuadamente los objetivos que se tuvo en miras al iniciarlas. En definitiva, el problema central a mi juicio es la carencia de una visión integral de lo que los sistemas judiciales implican.

Una visión integral indica que lo primero que una institución debe tener claro, lo primero que debe definir correctamente, son las funciones que va a asumir, el problema que debe solucionar y la forma como ello lo va a hacer. Sin una definición adecuada de ello, aunque se organice de la mejor manera y funcione a la perfección, sus resultados serán deficientes. Por ello el problema que se plantean las reformas procesales llevadas a cabo en los últimos años en la región es el correcto: qué es lo que debe hacerse y quién debe hacerlo.

Pero ello no basta. Una vez definidas las funciones es menester organizar adecuadamente la institución para que pueda cumplirlas correctamente. En esta mirada, la organización, el gobierno y el poder dentro de las instituciones del sistema, dejan de ser un tema en sí mismo para pasar a ser un tema en función del cumplimiento de la misión propia de esas instituciones. Es absurdo entonces discutir sobre la mejor organización sin haber definido en forma previa, y de manera correcta, lo que esa organización debe hacer. El problema es que en nuestros países gastamos a veces demasiado tiempo discutiendo cómo se va a integrar una institución, antes de definir qué va a hacer ella.

Una vez definidas funciones y organización, hay que asumir el desafío de dotar de una estructura de recursos y de gestión a esa institución acorde con sus cometidos. Este tema a algunos les puede parecer trivial o secundario, sobretodo a los abogados, por la forma como tradicionalmente hemos sido formados. Sin embargo, es absolutamente crucial. Sin hacerse cargo de estos problemas en forma seria, es imposible que la mejor de las leyes opere. Son estos temas los que en definitiva marcan la diferencia en las instituciones.

Por lo mismo, la discusión sobre instrumentos también debe ser abordada desde una perspectiva distinta. Si de definiciones sustantivas se trata, porque a no dudarlo las actuales son incorrectas, ciertamente las leyes tienen un rol que jugar. Más aún tratándose de un área con innegables y muy serias implicancias políticas, como es la judicial según hemos anotado. Pero también deberá acudirse, a su tiempo, a los instrumentos no legales indispensables para echar a andar los cambios. Creer que por dictar una ley se ha cambiado algo, como venimos repitiendo, no sólo es ingenuo, sino también poco serio frente a nuestros ciudadanos.

Esa nueva ley requiere de recursos, requiere de un plan de implementación, requiere de líderes que conduzcan ese proceso, requiere de una nueva dotación de funcionarios, con diferentes habilidades y, por lo tanto, con nuevos imperativos de capacitación, en fin requiere de implementos físicos para funcionar (infraestructura, equipamiento, tecnología, etc.). Si no cuenta con todo ello, el fracaso es algo asegurado, tal como múltiples ejemplos en la región se encargan de atestiguar.

Así como puede ser necesario que los liderazgos estén depositados externamente a los operadores del sistema para lograr cambios trascendentales que pueden ser muy costosos en su interior, no es menos cierto que para materializar tales cambios es absolutamente imperativo contar con la adhesión de un número importante de esos operadores, por lo que trabajar con ellos y para ellos desde el principio también se convierte en un imperativo para ser exitoso.

Es ese entonces el desafío que debe asumir el Ecuador como todos los otros países de la región: enfrentar un cambio impostergable a su justicia criminal, un cambio profundo, refundacional, y hacerse cargo de ponerlo realmente en vigencia, adaptando a sus instituciones al nuevo sistema, preparando a sus operadores y dotándolos de los medios adecuados para que puedan asumir sus nuevas responsabilidades.

No se puede, además, desconocer que la estructura organizacional y administrativa actual de los tribunales, por ejemplo, no es indiferente al tipo de sistema procesal penal a aplicar. La estructura actual es absolutamente funcional al sistema inquisitivo, ha sido construida de la mano y en función de éste. La extrema jerarquización de los sistemas judiciales en el continente se explica precisamente por las características –y la desconfianza que genera- el sistema inquisitivo, al haber una sola persona, el juez, que asume funciones tan amplias e incompatibles entre sí.

Por otra parte, también la organización administrativa de los tribunales es una organización funcional a un sistema inquisitivo, es una organización funcional de un sistema escrito, poco transparente, con mediación, con delegación de funciones.

Uno de los objetivos más relevantes que nos hemos propuesto en el Centro de Estudios de Justicia de las Américas es apoyar a los países de la región en esta importante tarea de diseño de estrategias más integrales de reforma a sus sistemas judiciales que, acorde con sus particulares necesidades, se hagan cargo de la complejidad de problemas que importa un sistema judicial.

La perspectiva regional, no suficientemente aprovechada en el pasado, permitirá pasar de una discusión muy teórica y discursiva que hasta la fecha hemos tenido sobre el tema de las reformas judiciales, a otra mucho más concreta, a partir de los problemas concretos que ellas deben enfrentar y sortear. Conocer

33

qué es lo que realmente funciona en países con tradiciones culturales y económicas similares a las nuestras es sin dudas el ejercicio más útil para no cometer los mismos errores. Si bien ninguna experiencia puede traspasarse mecánicamente, resulta hoy en día imperdonable y muy costoso no conocerlas.

Además, debemos empezar a combinar en esta área los conocimientos propiamente jurídicos sobre el sector, con aquellos que provienen de otras disciplinas, como la sociología, la economía, la ingeniería, la administración, etc., conocimientos todos insustituibles si se quiere tener éxito en la enorme tarea de construir sistemas judiciales que realmente funcionen y cumplan con las expectativas puestas en ellos. Esta es otra área donde podemos brindar un apoyo renovado a los países de la región.

Muchas gracias.

Las Nuevas Relaciones Institucionales en el Nuevo Código

Dr. Alberto Wray*

Quiero empezar formulando mi sincera felicitación a la Universidad San Francisco por haber organizado este evento. Creo que este tipo de seminarios o reuniones el Ecuador tiene que multiplicar si es que desea que, en los escasos diez meses que nos separan de julio, mes en que empezará a funcionar de manera absoluta el nuevo Código de Procedimiento Penal, las instituciones que tienen que ver con el nuevo sistema procesal estén debidamente preparadas.

Yo me voy a centrar concretamente en el tema porque creo que eso es lo que nos interesa. Ningún ecuatoriano puede negar en estos momentos que lo que la sociedad necesitaba de suma urgencia es cambiar el sistema procesal penal. Yo recuerdo que hace más o menos veinte años un ex presidente de la Corte Suprema de Justicia dijo que la justicia era relativa en el Ecuador y casi todo el mundo se le fue encima diciendo que era inapropiado que él, siendo el primer personero de la función judicial, haga semejante afirmación. En este momento, prescindiendo tal vez por unos pocos segundos de que soy parte de la Corte Suprema de Justicia, yo quiero afirmar algo que podría ser considerado todavía mucho más drástico. Yo creo que en algunos casos ni siquiera hay justicia relativa sino que simplemente no hay, y esto se puede constreñir o centrar en el aspecto penal, cierto que no es tanto así en materia civil, en materia laboral, pero yo me centro o me concreto exclusivamente a la materia penal.

* Profesor de la Facultad de Jurisprudencia de la Universidad San Francisco de Quito.

Y quiero formular esta pequeña pregunta para llevar a la reflexión siguiente: ¿Cuántos delitos quedan en la impunidad, o han venido quedando en la impunidad en el Ecuador? Esta respuesta pues queda a la conciencia, al conocimiento y a la experiencia de todos los ecuatorianos, ¿Cuántos delitos han venido quedando en la impunidad en el Ecuador en los últimos tiempos, principalmente debido a un sistema defectuoso? Ese sistema no podía seguir manteniéndose y conste algo que tengo que decir mirándoles a los ojos a los señores vocales y presidentes de los tribunales penales que están aquí presentes, en buena parte mejoró el sistema penal gracias a la creación y al funcionamiento de los tribunales penales, que es lo que realmente en la actualidad funciona de la mejor manera, desde su creación en el Código de Procedimiento Penal que se expidió el 10 de junio de 1983. Pero no podemos decir lo mismo con respecto a la instrucción de los procesos y la apertura de los sumarios, como sucedía hasta hace unos pocos años, en manos de los comisarios de policía y de los intendentes, que fue la inmoralidad más desvergonzada que pudo sufrir el sistema procesal ecuatoriano. Menos mal y bendito sea Dios que eso finalmente terminó.

Pero, ¿mejoró el sistema procesal? Yo creo que no. Desde que se les privó de la jurisdicción instructoria a los jueces de policía, los jueces penales no se dan abasto, y creo que uno de los principales defectos fue precisamente el hecho de que tenían que hacer de jueces de instrucción, luego durante el sumario asumir el papel de investigadores o como yo digo en mis escritos de "pesquisas", porque ellos tenían la iniciativa probatoria para conducir todo el proceso investigativo y después, durante la etapa intermedia, convertirse nuevamente en jueces para juzgar su propia buena o mala actuación durante el sumario. Ese sistema defectuoso va a cambiar.

Ahora bien, en el nuevo sistema procesal previsto en el nuevo Código de Procedimiento Penal la cosa cambia sustancialmente porque el juez penal va a convertirse en lo que siempre debió ser: juez penal juzgador, órgano juzgador ni más ni menos; y la instrucción fiscal, etapa primera del proceso penal durante la cual se va a investigar si realmente se ha cometido el delito y además identificar a los posibles responsables de la infracción, va a estar a cargo de los fiscales.

Los ecuatorianos, y creo que este ha sido uno de los principales defectos en América Latina, hemos estado acostumbrados a una actitud totalmente pasiva del Ministerio Público. Quienes hemos ejercido la profesión sabemos perfectamente bien que la posición de los fiscales fue bastante cómoda al menos hasta hace unos tres o cuatro años que se dictó la actual Ley Orgánica del Ministerio Público, porque se limitaban exclusivamente a constituirse en partes principales del proceso penal, a opinar cuando se les pedía que opinen. Sobre esto conversaba yo con los asesores del Ministerio Público la semana pasada, precisamente el día viernes que estuvo aquí en Quito el señor Ministro Fiscal General de Colombia. Nunca en la vida los fiscales se preocuparon de pedir pruebas, de intervenir en las pruebas, de intervenir en las diligencias, de — con un poco de imaginación o iniciativa — contribuir a la labor pesadísima de los jueces como instructores. Yo digo, esa gestión mediocre que cumplieron los fiscales se va terminar porque es muy cómodo sentarse a esperar que se les notifique con el auto cabeza de proceso, ni siquiera señalar domicilio porque casi nunca lo hacen, nunca pedir una diligencia, nunca intervenir en una diligencia y luego esperar que, en su momento en la etapa intermedia se les pida que dictaminen y eso era todo, y luego cuando el proceso pasaba al tribunal penal comparecer a la audiencia. Yo he visto unas actuaciones pobrísimas de los fiscales, simplemente decir "me ratifico en el contenido de mi dictamen acusatorio", qué vergüenza, y eso era todo. Ahora va a cambiar sustancialmente y yo creo que ciñéndome precisamente al tema de esta primera intervención ahí esta el primer desafío que vamos a tener nosotros los ecuatorianos en cuanto a la aplicación de las disposiciones del nuevo Código de Procedimiento Penal.

Hay que cambiar la mentalidad de quienes forman parte del Ministerio Público. Yo creo que la Doctora Mariana Yépez, la Ministro Fiscal General, está consciente del tremendo desafío que tiene y precisamente por eso es que he visto con gran satisfacción que se han convocado a concursos de merecimientos y oposición para llenar vacantes de fiscales que tienen que venir con una nueva mentalidad y sobre todo predispuestos con la más grande buena voluntad para ser parte esencial del nuevo proceso penal.

Miren,, ustedes, que cómo está diseñado el nuevo sistema procesal a ellos les va a corresponder dirigir las actuaciones de la policía judicial, y ahí es donde yo veo una de las principales dificultades iniciales del proceso penal que se tiene que instaurar de acuerdo con el nuevo código y lo he dicho públicamente aún cuando las miradas me han atravesado: la policía creo que no está dispuesta a someterse a las disposiciones del Código de Procedimiento Penal. Yo creo que ellos todavía no tienen conciencia del nuevo rol que les toca jugar como auxiliares del Ministerio Público en la investigación de los procesos penales. Aquí quiero hacer el recuento precisamente a los ecuatorianos y para información de los señores extranjeros, que nunca en la vida, de lo que yo recuerdo al menos, y yo tengo treinta años de ejercicio profesional, han sido buenas, ni siquiera aceptables las relaciones entre el Ministerio Público y la policía, el Ministerio Público y la función judicial — y si los tres no trabajan en comunidad no va a funcionar el sistema.

La Necesaria Independencia de la Policial Judicial

Dr. Ricardo Vaca Andrade*

La aplicación del nuevo CPP originará varios problemas y dificultades. Uno de ellos es el problema de la dependencia de la policía judicial a la policía nacional y su vinculación orgánica, institucional y presupuestaria permanente. El Oficial Superior de la Policía puede imponer, ordenar, en definitiva, a un agente de la policía judicial que un informe salga en tal o cual sentido. No me figuro, porque ello es contrario al régimen disciplinario vertical y autoritario, que los agentes de nivel bajo sean capaces de no acatar las órdenes de sus superiores. Ninguno le va a decir: "vea, mi Coronel" o, "vea mi General, no puedo cumplir lo que usted me ordena", si están todavía vinculados a la policía nacional.

Los miembros de la policía judicial siguen formando parte de esa institución, en lo concerniente al presupuesto, en lo administrativo, en lo jerárquico, por lo que no hay que hacer un gran esfuerzo para descubrir los problemas que habrán en este orden. La experiencia lo demuestra: cuántas veces aquí en el Ecuador, un Coronel o General de Policía llama a un agente de tránsito, a un policía de tránsito y le dice: "mire, este parte me lo cambia, porque este señor que cometió la infracción es mi sobrino". ¿Qué tiene que hacer el agente de tránsito en esos casos?. Pues, tiene que cambiar el parte o el informe! O acaso aquí nos vamos a hacer los hipócritas para decir que no sabemos que eso sucede en el Ecuador. Pregunto: ¿No seguirá sucediendo eso con el nuevo sistema? Hay que hablar las cosas claro. Creo que tiene

* Presidente de la Comisión de Recursos Humanos del Consejo Nacional de la Judicatura de Ecuador.

39

que haber una absoluta autonomía o independencia de la policía judicial respecto de la policía nacional.

Creo también, y esto no gusta tampoco, cuando lo digo en público, que el Ministerio Público tiene que crear su servicio de investigación con sus propios investigadores, como es en Colombia. Lo digo porque acabo de escuchar el día viernes pasado al señor Ministro Fiscal General de Colombia, quien indicó que ellos tienen sus propios investigadores civiles, independientes de la policía judicial.

Otro aspecto muy grave es el de la falta de infraestructura por parte del Ministerio Público. El Ministerio Público necesita de todo, absolutamente de todo. No se podrá investigar apropiadamente respecto a la comisión de un delito, si ni siquiera se tienen los medios adecuados para elaborar un informe. No se tienen medios de transporte ni de comunicación. Mencionaba este problema en un curso que dicté el semestre pasado en la Universidad Católica, con un ejemplo clarísimo: ¿Qué va a suceder si algún rato con el nuevo sistema procesal, a un agente fiscal que le llega el conocimiento de que se ha cometido un delito, tiene que trasladarse no digamos muy lejos, aquí cerca, a Guayllabamba (a 30 minutos de Quito)? ¿Cómo se va a Guayllabamba a verificar si allí se ha cometido un asesinato o cualquier delito, una violación, una estafa, etc.? ¿Es que va a ir el fiscal, en bus de servicio público?, ¿o va a suceder lo que acontece en la actualidad? Que el fiscal le va a pedir al interesado u ofendido que le dé para el taxi, con lo cual vamos a caer en el mismo sistema anterior. Y esto sin considerar que además del fiscal tiene que ir el agente de la policía judicial, secretarios, peritos, etc. Pensamos: ¿Qué va a suceder cuando los fiscales tengan que obtener diez fotocopias? ¿Van a poner de su bolsillo? Ejemplos sencillísimos para demostrar que si al Ministerio Público no se le da lo necesario vamos a estar peor que antes.

No quiero prolongarme más, pero creo realmente que lo que va a suceder dentro de la etapa de la instrucción fiscal es todavía una gran incógnita aquí en el Ecuador. Porque un poco estamos queriendo copiar el sistema norteamericano; esta es la verdad, pero en el sistema norteamericano la policía y el Ministerio Público tienen de todo, no carecen de nada. Si necesitan un helicóptero ahí está el helicóptero. Una cuestión adicional: ¿Cómo van a proteger a los testigos? Esto es algo que a mi personalmente me produce sonrisas. ¿Cómo van a proteger a los testigos aquí en el Ecuador? ¿Cómo los van a proteger? Si ésta es una obligación que está en el nuevo CPP, y está en la Constitución como uno de los deberes fundamentales del Ministerio Público. ¿Dónde les van a proteger? ¿Cómo les van a proteger? Yo veo eso muy difícil en nuestro medio y con nuestras limitaciones tan propias de nuestro país.

Obviamente, en el nuevo sistema procesal penal ya no hay sumario. En lugar del auto cabeza de proceso el fiscal dictará una resolución, abriendo la instrucción fiscal, ya que el juez solamente tiene que proteger los derechos fundamentales del imputado y del ofendido. Pero hay que tener presente que la única forma de ejercer la acción penal es a través de la denuncia que se presenta ante el fiscal y que tiene que ser reconocida en forma que ya conocemos. Es decir, quién va a tener el monopolio del ejercicio de la acción penal en el nuevo sistema procesal, vale decir la facultad de decidir si se inicia o no un proceso penal, es el fiscal, con la denuncia que se le presente. En esto radica uno de los graves temores que me asalta y me preocupa; discúlpenme que sea tan franco: temo que la terrible corrupción que cundía entre los comisarios de policía y los intendentes pase ahora a los fiscales. Habrá fiscales, lamentablemente, a quienes si no se les pone un billete por delante no resolverán dar trámite a una denuncia, así de fácil; y, al contrario, si se les da dinero, serán más diligentes. Ojalá, Dios no quiera, que estos problemas no se presenten ni se agudicen.

Pero lo que sí tengo que decirles, para terminar, es que si no se cambia el sistema penal caduco, deficiente, lento e ineficaz, pueden seguir proliferando los casos de justicia por mano propia en el Ecuador, respecto de los cuales, con tanta hipocresía, se torna la vista para mirar a otros lados, especialmente, por parte de algunos medios de comunicación social, bajo el pretexto de que como la justicia formal no funciona, la única alternativa es la justicia por mano propia. No es esa la alternativa, y contra ello debemos reaccionar, ya que la justicia por mano propia es delito. Se cometen delitos y a veces gravísimos, como lincha-mientos y quema de cadáveres, que en realidad son el fruto de una equivocación popular, de la cual no hay regreso porque no existe forma de enmendar el error; pero si todos nosotros los que estamos aquí, los profesores universitarios, el Consejo Nacional de la Judicatura, principalmente la policía judicial y el Ministerio Público no tratamos de sacar adelante el nuevo sistema procesal penal, será altamente frustrante para los ecuatorianos que sigamos en el estado en el que hemos atravesado en los últimos años. Gracias.

El Reto de Trasladar la Carga Probatoria a la Etapa del Juicio

Dr. Walter Guerrero*

Hace diez años quien les habla, como Presidente de la Corte Suprema de Justicia del Ecuador, tuve la oportunidad de suscribir algunos convenios con organismos internacionales, con el propósito de preparar la redacción y presentación de tres proyectos de ley: el nuevo Código de Procedimiento Penal, el nuevo Código Penal y el nuevo Código de Procedimiento Civil.

Como el procedimiento penal era mi materia de tantos años, le puse más fuerza y más interés en el trabajo de la preparación del nuevo Código de Procedimiento Penal, que en 1992, tuve la oportunidad de entregarle al Presidente del Congreso Nacional de aquel entonces. Pero todavía la idea no estaba madura, muy pocos apoyaban esta iniciativa y más bien la mayoría la impugnaba y la desacreditaba. Por eso es que al concluir mis funciones de Presidente de la Corte, dos o tres profesores amigos continuamos en el empeño de relanzar la idea del 1992, y luego de revisar el mencionado proyecto, lo entregamos nuevamente, al Presidente del Congreso Nacional, en 1997.

En esta ocasión vale destacar que hubo personas que comprendieron la propuesta; así el Presidente de la comisión de lo civil y de lo penal, doctor José Cordero, profesor universitario y de derecho penal, entendió y valoró la propuesta.

Luego de tres años de debate legislativo, de reformas y modificaciones a las ideas iniciales, en enero de este año [2000] se aprobó el nuevo modelo de administrar justicia del Ecuador.

---

* Ex Presidente de la Corte Suprema de Justicia de Ecuador.

43

Hoy día son diez años del nacimiento de esta propuesta. Yo estoy contento y optimista y le agradezco al doctor Wray y a todos los que han tenido la bondad de venir en esta ocasión a celebrar el décimo aniversario de la semilla del nuevo producto.

¿Pero porqué se planteó la necesidad del nuevo Código de Procedimiento Penal? Porque no estábamos conformes con el sistema vigente, porque veíamos la necesidad de cambiar todo lo que se refiere a los sistemas de administrar justicia en nuestros países. Así como los economistas examinan los indicadores del fenómeno económico y social cualquiera, así también los abogados, los jueces y los fiscales, debemos examinar los indicadores del funcionamiento de nuestros sistemas de administrar justicia en el campo penal o en cualquier otro campo judicial, y yo veía, por ejemplo, que uno de los indicadores negativos del sistema vigente era la larga duración del proceso penal y básicamente de la etapa del sumario.

Pero la pregunta es, ¿porqué la etapa del sumario dura una eternidad, que muchas veces nos conduce hacia la impunidad? Por la sencilla razón de que esta etapa tiene como propósito la prueba de la existencia del delito y de la identidad de los autores, cómplices y encubridores de la infracción de tal manera que, como ustedes bien saben, si el acusador particular, si el fiscal o si el juez no prueba en la etapa del sumario la existencia del delito, el juez tiene que dictar sobreseimiento provisional, o definitivo, de la causa.

Por esta razón, los acusadores a la cabeza del juez, porque el juez es el principal acusador, se empeñan en la etapa del sumario en probar la existencia del delito, mientras que la otra parte, la parte de la defensa, se empeña en esta etapa del sumario, en desvanecer los indicios, las pruebas y las presunciones de culpabilidad que hay en su contra, y en esta batalla probatoria se nos van los meses, se nos van los años y se nos va la justicia por cualquier resquicio o por cualquier esquina.

Por otro lado, yo observaba la baja efectividad procesal del sistema inquisitivo escrito, porque de los cien procesos penales que iniciamos en el Ecuador, sólo el 10% pasan a la etapa del juicio, del verdadero juicio que nosotros llamamos plenario. Y de ese 10%, el 6% terminan con sentencia condenatoria y el 4% con sentencia absolutoria. Esto significa que en este sistema solo el 6% de los procesos terminan con sentencia condenatoria, el 94% terminan con sobreseimiento, prescripción de la acción o sentencia absolutoria. Esto tiene un costo económico impresionante para el estado y en definitiva para el pueblo ecuatoriano.

Entonces, ¿cuál es la idea central del cambio del modelo? Pasar la carga probatoria de la etapa del sumario a la etapa del juicio.

Yo suelo explicar el problema con una pequeña balanza. En un lado está la etapa del sumario, en el centro de la balanza, está la etapa intermedia y al otro lado está la etapa del plenario. Como en la etapa del sumario tenemos que probar la existencia del delito e identificar a los autores, cómplices y encubridores de la infracción, porque si no comprobamos no hay juicio, y no hay sentencia, entonces la etapa del sumario tiene más peso que la etapa del juicio.

En el sistema acusatorio, en la etapa de la investigación fiscal no se prueba nada, solo se investiga, para trasladar la carga probatoria a la etapa del juicio y entonces se ve como se invierte la balanza: un sumario o una etapa investigativa muy breve, muy sencilla que solo tiene por objeto recoger y asegurar los vestigios, las huellas, las señales dejadas por el delito para trasladarlas a la etapa del juicio que ahora nosotros llamamos plenario. Este es el primer aspecto fundamental que hay que entender: en el sumario se investiga, en el juicio se prueba, eso es todo.

El segundo aspecto principal del nuevo modelo es que quien tiene la carga de la investigación es el fiscal y quien tiene la carga del juzgamiento es el juez. Los que investigan son los fiscales, al mando de los policías, llamemos policía judicial, policía científica, policía técnica como la queramos llamar.

Esto nos permite abandonar nuestra costumbre excesiva del escriturismo y del formalismo de la etapa del sumario. Los abogados somos grandes escribanos, nos encanta escribir, todo lo hacemos por escrito y tenemos horror a hablar, nos da miedo comunicarnos y mirar a las gentes cuando hablamos de frente, por eso es que yo presento mi denuncia o mi demanda por escrito, el juez dicta su providencia por escrito y le notifica a la otra parte por escrito para que conteste por escrito. Yo puedo tramitar un juicio sin conocer a la otra parte, sin conocerlo al juez porque es un sistema escrito.

Los fiscales abandonan la escritura, salen de los juzgados para trabajar en la calle, para investigar en la calle con la policía, porque allá se cometió el delito y no en el interior de nuestros juzgados, de nuestras judicaturas. Y les quitamos entonces a los jueces la obligación de investigar, desde su escritorio mediante providencias, que a veces nos hacen dar risa, porque notificamos las providencias que contienen medidas cautelares, le avisamos a la persona que la vamos a capturar o a prohibir la enajenación de los bienes o a tramitar la extradición. Es lo más curioso del mundo — cuando el juez se anima a solicitar un proceso de extradición, lo primero que hace es notificar al extraditable avisándole que le vamos a iniciar un proceso para que se vaya del estado de la Florida a otro estado o de un país a otro.

Si le quitamos a los jueces la tarea investigativa, les dejamos su tarea más amplia, más pura, más tranquila, más serena de administrar justicia; es decir, de juzgar, de resolver y dictar la sentencia absolutoria o la sentencia condenatoria.

Los jueces se resisten al cambio. Yo visité todos los juzgados del país durante dos o tres años explicándoles lo que estoy diciendo aquí y los jueces se resistían a la idea, porque pensaban que iban a dejar de ser jueces, pero no es verdad, ya que el momento que les quitamos a los jueces las tareas investigativas, mas bien les dejamos en su papel más alto, más puro de administrar justicia.

Con el nuevo sistema podemos pensar como boxeadores en un cuadrilátero, en una esquina va a estar el Ministerio Público asistido eventualmente por el acusador particular, y en la otra esquina va a estar el implicado o acusado, asistido por el defensor público y en el centro va a estar el juez.

En el sistema inquisitivo el juez va a la esquina de la acusación, porque en la etapa del sumario él es quien conduce la investigación del delito, o a veces lo vamos a encontrar también del otro lado de la esquina de la defensa, porque a veces los jueces se convierten en abogados defensores de los sindicados o de los acusados.

El nuevo sistema tiene por objeto una redistribución de los roles de los diferentes actores procesales — en una esquina el fiscal con la policía, en el centro el juez, y en la otra esquina el acusado con el defensor.

Pero para concluir mi brevísima explicación, quisiera destacar a este otro operador judicial que todavía no asoma. Siempre hablamos nosotros de los fiscales, de los jueces y de los policías, pero no hablamos de los defensores públicos. Por eso es que en la propuesta del año 1992, en la revisión de 1997, y ahora en el código del 2000, hay otro actor, que es el defensor público, la defensa pública nacional.

A ésta hay que crearla por completo, para que tenga exactamente las mismas fortalezas que el Ministerio Público. Repito para que en la una esquina esté el Ministerio Público y en la otra la defensa pública y en el centro el juez, tratando de hacer justicia y garantizando de este modo, los derechos fundamentales de la persona, que son esencialmente la vida, la integridad física, la libertad, el honor, respetando naturalmente las garantías del debido proceso a favor del imputado o del acusado como lo queramos llamar.

Permítame concluir mi brevísima exposición con una expresión de optimismo, creo que vamos bien y que con ayuda de ustedes todavía iremos mejor. Muchas gracias.

47

Nuevo Código de Procedimiento Penal: Redefinición y Fines del Proceso Penal*

Dr. Alberto J. Morales Vargas**

> *"En materia de justicia penal, se presenta un serio conflicto entre la necesaria protección de la sociedad — que exige que se sancionen los delitos — y el respeto — también exigido — a los derechos fundamentales del individuo, ya que ningún Estado de Derecho puede estar legitimado para aplicar su aparato punitivo a una persona, con el propósito de proteger la sociedad dentro de su territorio, con desconocimiento de los derechos que le son inherentes al hombre".*

> *Dr. Luis Paulino Mora Mora*

La reforma procesal penal a favor del ser humano

Toda sociedad humana produce conflictos entre sus miembros, la mayoría de los cuales se resuelven sin la participación del Estado. Sin embargo, cuando el conflicto es de índole

---

* La presentación del Dr. Morales Vargas en el seminario fue parte de la sesión sobre la transformación del Ministerio Público. Sin embargo su presentación escrita aparece en el capítulo sobre la transición del sistema inquisitivo al sistema acusatorio por ser más relacionada con este tema.

** Hasta noviembre de 2000, Coordinador General del Equipo Técnico de Implementación en Bolivia; Docente de la Universidad Católica Boliviana.

jurídico penal, el Estado para resolverlo se arroga el monopolio del poder punitivo.

Los alcances y límites del derecho de penar del Estado, en un tiempo y lugar determinado, responden, necesariamente, a la naturaleza y esencia del sistema político imperante. Si el régimen es autoritario, su sistema penal también lo será; por el contrario, si el sistema político es democrático sus instituciones jurídicas también lo serán o tendrán como meta serlo. En síntesis, la decisión política que defina el sistema, debe optar básicamente por dos alternativas: primar el interés público y fortalecer el poder del Estado en la persecución penal aún negando los derechos del individuo, o en otorgarle al individuo las suficientes garantías para que enfrente a ese poder punitivo, preservando su dignidad de persona en un plano en el que no se vea absolutamente desprotegido frente a las instituciones públicas de la persecución penal.

La Constitución Política de Bolivia, catalogada en términos generales como desarrollada, establece como no podía ser de otra manera, derechos y garantías de la persona y consagra principios que deben regir el proceso penal, que se constituyen en verdaderas limitantes del poder punitivo del Estado, son presupuestos básicos de la función represiva del Estado: debido proceso, juez natural e independiente, principio de legalidad, principio de presunción de inocencia, inviolabilidad de la defensa. En síntesis, la Constitución formal vigente persigue la consolidación de un Estado de Derecho, entendiéndose por éste a todos aquellos "principios y procedimientos que garantizan la libertad individual y la participación en la vida política" [1].

Sin embargo, de los propósitos constitucionalmente planteados, el sistema procesal penal establecido por el Código de Procedimiento Penal promulgado según D.L. No. 10426 de fecha 24 de agosto de 1973, que se inscribe dentro del sistema procesal penal denominado mixto o inquisitivo reformado, no ha

---

[1] Cit. Besson Waldemar y Jasper Gotthard, "Elementos del Estado de Derecho": en toda actuación del poder público", publicado por CIEDLA, 1997, Bs. As. Argentina, pág. 121.

sido el instrumento idóneo para la realización de la primacía constitucional. El divorcio entre Constitución y proceso penal ha sido tal que, por más de 25 años el Estado boliviano "administró justicia penal" con criterios que desconocen la presunción de inocencia y condición natural de libertad y dignidad del hombre. Tal es así que por el solo hecho de una sindicación de comisión u omisión criminal el imputado es tratado, desde el primer acto de la prevención como culpable, sometido al injusto y humillante cumplimiento de graves y anticipadas penas restrictivas de sus elementales derechos (detención preventiva, arraigo, anotación de todos sus bienes), obligado a demostrar su inocencia y destruir la presunción de culpabilidad que sobre él pesa, hipótesis sobre la que actúan policías, fiscales y jueces, que reúnen en sí funciones: represivas, de investigación, de acusación y de decisión

Se ha llegado a aplicar el antiguo Código de Procedimiento Penal (ACPP)[‡] por encima de la Constitución, con la agravante de que se reproducen formas de tramitación de las causas excesivamente formalistas, casi ritualistas, sin que se dé lugar a la aplicación de los principios de celeridad, concentración e inmediación. El resultado: un sistema que no responde al diseño constitucional, que no genera confianza, que es inaccesible, que no valora ni respeta la condición humana de las partes, que obvia por completo a la víctima y sin capacidad de responder los anhelos ciudadanos de justicia pronta y transparente.

El nuevo Código de Procedimiento Penal (NCPP)[§] pretende la realización de la Constitución formal, es decir, busca instrumentar una Constitución real, a través de un sistema que diferencia claramente las funciones de acusación, defensa e investigación, generando mecanismos de control jurisdiccional de la investigación, permite una amplia participación ciudadana, busca eficiencia en la solución del conflicto penal, pero por so-

---

[‡] La abreviatura ACPP en adelante se empleará para identificar al Código de Procedimiento Penal, promulgado en fecha 23 de agosto de 1973.

[§] La abreviatura NCPP en adelante se empleará para identificar el nuevo Código de Procedimiento Penal, publicado en 1999.

bre todo, destaca la condición humana de los involucrados en el proceso penal.

El nuevo instrumento legal que regula el proceso penal establece una reforma estructural del sistema de justicia penal en Bolivia. Por ello engloba muchos aspectos relevantes que de forma aislada no pueden ser adecuadamente comprendidos. Las instituciones que reforma radicalmente, como las medidas cautelares, las novísimas que incorpora, como las de salidas alternativas y la conformación de tribunales escabinos, como las que nos resultan familiares, cuando menos en la redacción de los textos legales, (publicidad, celeridad, continuidad y oralidad del plenario), se sustentan en principios que coherentemente han sido estructurados en el nuevo instrumento procesal, que consagra el sistema procesal penal acusatorio, público y contradictorio.

Los bolivianos hemos resuelto democratizar la justicia, devolviendo al ciudadano el derecho al legítimo control social en la administración de justicia, los órganos del poder público están comprometidos a llevar adelante las reformas judiciales, con la finalidad de garantizar la vigencia de un pleno Estado de Derecho que consagre seguridad jurídica.

El eje central de las reformas es la persona humana, sea imputado o víctima, de manera tal que la autoridad que resuelva el conflicto entre esos principales actores del problema jurídico penal, vuelque sus ojos fundamental y esencialmente a ellos y las circunstancias que les rodearon, son las personas la que deben de interesar y no los expedientes que sobre su particular situación se formaron dilatoriamente, así, normalmente se pierde la perspectiva de que esa particular situación puede ser dramática y dolorosa.

Si analizamos con esa óptica la reforma que contiene el nuevo Código de Procedimiento Penal y sus instituciones, la clara división de funciones de investigación, acusación y decisión, las etapas que conforman el proceso, el régimen cautelar que se establece, las salidas alternativas que se proponen, la participación con iguales derechos y obligaciones de jueces técnicos y ciudadanos, tienen una lógica razón de ser.

El nuevo sistema procesal pretende equiparar los poderes y facultades procesales del imputado y de la víctima, esta última ausente de la preocupación de los redactores del Código de Procedimiento Penal promulgado en 1973, en un plano de realización efectiva de los derechos fundamentales, que son inherentes a la naturaleza humana y que son proclamados por la Constitución como fuente de garantía para su cumplimiento y protección por parte del Estado.

La víctima como el imputado son seres humanos, personas con familia, con responsabilidades, no son un simple nombre inserto en la carátula del expediente. Piensan, sienten y esperan algo del proceso penal, cada uno en su particular posición de parte contraria. Si ese equilibrio no se establecía, el sistema de justicia penal, por muy novedoso que fuere, estaría limitado fuertemente de satisfacer las expectativas ciudadanas concretas de una solución pronta a sus pretensiones.

Las facultades que el sistema acusatorio le confiere a la víctima responden a que "las nuevas tendencias mundiales en materia penal buscan rescatar el papel de la víctima y el damnificado a través de mecanismos que les permitan defender sus intereses, en forma adecuada, dentro y fuera del proceso penal, aún sustituyendo al Ministerio Público en los casos que éste –por razones de oportunidad o legalidad- estime que no debe continuarse con la investigación de la acción atribuida", ** lo que justifica el establecimiento de instituciones como la conversión de acciones o la suspensión condicional del proceso.

El establecimiento de criterios de aplicación restringida de las medidas cautelares, ya en lo que al imputado respecta, a mas de dar un giro radical a lo establecido en el Código de Procedimiento Penal de 1973, que dispone la aplicación irrestricta y con fines extra procesales de medidas restrictivas de derechos de la persona sometida a la jurisdicción penal, tiene su base esencial

---

** Costa Rica, Sala Constitucional, No. 5751-93, 14:39 Hs. 9/11/93.

en el respeto de la personalidad y dignidad de la persona, cuyo estado natural de vida y de realización es el de la libertad y del goce pleno de sus derechos fundamentales.

En un sistema social y político como el nuestro, donde el ciudadano se siente marginado de las decisiones, donde la persona se siente excluida del sistema, se siente utilizado mediante el voto; siente ser mero elector y no partícipe en la toma de decisiones públicas, que se hable de un sistema procesal penal que le brinda al imputado todos los derechos y garantías, que se establezca obligaciones del Estado para con la víctima a quien se la dimensiona con justicia en toda su magnitud humana.

La incorporación de jueces legos en el proceso penal constituye una variante de tal impacto que el tema llama a las más acaloradas discusiones. Pero no resultaría coherente el nuevo sistema sin un control ciudadano claramente establecido, en el que las pruebas, que han de definir en última instancia la veracidad o no de la acusación, se produzcan ante tribunales compuestos sólo por profesionales del derecho que, cumpliendo requisitos legales, ejercen de forma permanente la función jurisdiccional y por ello que la incorporación de ciudadanos ajenos a la profesión del abogado no destaca únicamente el reconocimiento a la valía de nuestra población y el fundamental aporte que pueden brindar a la justicia sino también "se acerca la justicia penal a la realidad social. Al generar el tránsito del lenguaje estrictamente técnico y hermético del jurista hacia el lenguaje común, no sólo se facilita la comprensión y significación del orden jurídico, sino que se facilita y promueve también una labor educativa que debe cumplir la administración de justicia. Esta labor únicamente es posible en la medida en que esa función pueda ser comprendida por la sociedad toda"[3], además de que la actividad probatoria debe realizarse en audiencias públicas, abiertas a todo ciudadano que desee presenciar el juicio. Se tratan de mecanismos de control social más efectivos que garantizan una participación ciudadana que responde a un Estado sustentado en principios y valores democráticos.

---

[3] Ministerio de Justicia y Derechos Humanos, Exposición de Motivos del Anteproyecto de Ley de Código de Procedimiento Penal, 1996, pág. 100.

Si la Constitución Política del Estado reconoce el carácter multiétnico y pluricultural de la sociedad boliviana, es lógico respetar esa diversidad en la normativa procesal penal con los límites de la propia Constitución, de ahí que el reconocimiento explícito de las formas de resolución de conflictos penales con criterios de justicia resulta en el establecimiento de una medida que pretende la realización constitucional y, al fin de cuentas, las comunidades indígenas están compuestas por seres humanos con una carga de valores propias y desarrolladas que son respetadas.

Desde cualquier ángulo, el nuevo Código de Procedimiento Penal es un instrumento que reconoce, en una forma de realización constitucional más efectiva y ojalá cotidiana, la condición humana de los involucrados en el proceso penal y los derechos fundamentales que le son inherentes al hombre. Contiene muchos aspectos relevantes, de los cuales desarrollaré con cierta amplitud sólo dos: el nuevo régimen cautelar y las etapas del proceso en primera instancia, refiriéndome también de forma muy concreta a temas inmersos y colaterales, que en un conjunto lógicamente estructurado, constituyen la reforma contenida en el Nuevo Código de Procedimiento Penal.

El régimen cautelar

El régimen de medidas cautelares regulado por el D.L. 10426 promulgado en fecha 23 de agosto de 1973, es decir, Código de Procedimiento Penal y la Ley 1685 de fecha 2 de febrero de 1996 o Ley de Fianza Juratoria contra la Retardación de Justicia Penal, es francamente distinto al establecido en el nuevo ordenamiento jurídico procesal. Sin embargo, para comprender la transformación a cabalidad, no basta sólo el análisis de las medidas cautelares sustituidas — es preciso estudiarlas en el contexto de los sistemas procesales diseñados en la normativa vigente y la nueva ley procesal penal, sus enfoques doctrinales y sus propósitos finales.

Bajo el *nomen juris* de *medidas jurisdiccionales,* el Título V del Libro Segundo del Código anterior regula el régimen de medidas cautelares. El Capítulo I trata de la anotación preventiva, requisa, allanamiento y arraigo, es decir, de medidas restrictivas de derechos, tanto personales como reales; el Capítulo II trata de la detención preventiva; el capítulo III, reformado en gran parte por la Ley de Fianza Juratoria, versa sobre la Libertad Provisional; el Capítulo IV sobre la Calificación de Fianza.

Mientras que el sistema anterior propugnaba una aplicación amplia y casi irrestricta de las medidas cautelares, el nuevo sistema diseña la aplicación restrictiva de las mismas. Lo que es la regla actualmente deberá ser la excepción en el futuro; en síntesis se tratan de dos enfoques sobre el mismo tema diametralmente opuestos.

El régimen cautelar que se supera, sobre todo el personal, es atentatorio de derechos y garantías fundamentales de la persona humana, especialmente los contenidos en los Arts. 9, 11 y 16 de la Constitución Política del Estado, puesto que la persona detenida por la policía bajo la dirección o no del Ministerio Público, debería ser remitida al órgano jurisdiccional en el término de 48 horas, según la disposición contenida en el Art. 118 del Código anterior en franca inobservancia del término constitucionalmente establecido para el efecto que es de 24 horas. El nuevo sistema pretende el cumplimiento estricto de la C.P.E., no sólo en cuanto a términos se refiere, sino también a la aplicación real del principio de inocencia o presunción de inocencia, de manera tal que la aplicación de las medidas cautelares no se convierta en el injusto y anticipado cumplimiento de una pena por una persona a la que el Estado le reconoce su condición de inocente en tanto no pese en su contra una sentencia condenatoria ejecutoriada.

La aplicación irrestricta de la limitación de la libertad personal del imputado con fines extra procesales, característico del antiguo Código, como el aseguramiento del pago de daños y perjuicios, no corresponde al diseño constitucional ni a la doctrina procesal penal contemporánea, ya que el nuevo sistema revierte esta situación.

55

El actual régimen en cuanto a las medidas restrictivas de carácter personal establece las siguientes reglas para su aplicación en cuanto a:

El arraigo (Art. 193): la gravedad del delito, que existan razones fundadas de que el imputado no permanecerá en el lugar donde fuere procesado (en la práctica esta medida se aplica de forma irrestricta a veces de oficio o sólo a pedido de parte, sin que se analicen o comprueben los requisitos formalmente establecidos).

La detención preventiva: que el delito calificado merezca pena privativa de libertad cuyo máximo legal exceda los dos años, que existan elementos de convicción suficientes para sostener razonablemente, que el imputado es con probabilidad autor de un hecho punible o partícipe en él, que exista fundada presunción de que el imputado dificultará la averiguación de la verdad o continuará con acciones delictivas (en los casos concretos de la aplicación de esta medida, en la mayor parte de los casos el juez sólo aprecia la calificación del hecho, dispuesta en el auto inicial de la instrucción).

En cuanto a imputables menores de 18 años, sólo procederá la detención preventiva en delitos cuyo máximo legal sea igual o superior a los 5 años de detención preventiva, según el Art. 4 de la Ley de Fianza Juratoria.

La libertad provisional puede ser solicitada aún sin que se halle detenido el imputado y se establecen las siguientes reglas para su improcedencia: cuando el o los delitos imputados merezcan pena privativa de libertad cuyo mínimo legal sea superior a los dos años; cuando existan vehementes indicios de que el encausado obstaculizará la averiguación de la verdad (Arts. 12 al 15 de la Ley de Fianza Juratoria).

Sin embargo de que el Art. 1 de la Ley, No. 1685, de 2 de febrero de 1996, Ley de Fianza Juratoria, establece la aplicación restrictiva de la detención preventiva y sus fines estrictamente procesales, en la práctica forense se han mantenido, a tiempo de calificar la fianza, de aseguramiento del pago del posible daño civil (Arts. 210 y 211 del Código de Procedimiento Penal de 1973), elevando los montos de la fianza a sumas que exceden la fianza del haz (que procede como sustitución de una fianza económica y, en muchos casos, por lo elevado de los montos calificados hacen inviable la libertad del imputado.)

Quedan al margen de estos comentarios la libertad provisional bajo fianza juratoria por retardación de justicia o extrema pobreza.

De forma clara y expresa el Código de Procedimiento Penal, publicado el 31 de mayo de 1999, según ley 1970, establece la aplicación restrictiva de las medidas cautelares y sus fines estrictamente procesales (Arts. 7, 85, 86, 141, 149, 181, 222 y 223 del NCPP), estableciendo un control jurisdiccional sobre la investigación del fiscal, sin que se involucre en la investigación (Art. 54, 70, 71, 279 NCPP), dispone el cumplimiento estricto del término de 24 horas para la remisión del detenido por la Policía o la fiscalía ante el órgano jurisdiccional (Arts. 227 al 232, 291 NCPP), detenida que fuere una persona sólo el juez resolverá su situación personal (Art. 229 NCPP), control jurisdiccional que refuerza el sistema republicano de pesos y contrapesos, pues la función del juez instructor se limita a ese control y ya no tiene funciones también de investigador.

Se establece primer requisito para la consideración de la procedencia de la detención preventiva: que el delito de orden público formalmente imputado contemple pena privativa de libertad cuyo máximo legal sea superior a tres años. Además de que la calificación del hecho establezca la procedencia de la detención preventiva, deben concurrir los siguientes requisitos: la existencia de suficientes elementos de convicción para sostener que el imputado es, con probabilidad, autor o partícipe de un hecho punible y que existen elementos de convicción suficientes de que el imputado no se someterá al proceso u obstaculizará la averiguación de la verdad (Arts. 233 y 234 del NCPP), la decisión sobre la aplicación de la detención preventiva debe ser motivada, es decir, solicitada mediante auto expreso, revisable aún de oficio, susceptible de impugnación y sólo procede cuando se cumplen los requisitos establecidos y exista un pedido formal de parte al respecto (Arts. 240, 234, 251 y 252 NCPP).

Procedimentalmente, la solicitud de detención preventiva procederá una vez que se haya planteado la imputación formal y se hayan establecido mediante elementos suficientes de convicción el riesgo de fuga u obstaculización.

El cambio radical del régimen cautelar

La restricción de derechos de la persona sometida a la jurisdicción penal, de acuerdo al diseño del Código de Procedimiento Penal de 1973, hacía de la detención preventiva la más dura de las medidas cautelares, una regla aplicable a los delitos que merezcan pena privativa de libertad, cuyo máximo exceda de dos años y existan contra el imputado indicios manifiestos y graves de haberlo cometido, esta decisión de oficio debía disponerla el juez instructor inmediatamente recepcionada que fuera la declaración indagatoria del imputado, la resolución que dispone la detención preventiva no admite recurso alguno y ni siquiera es objeto de una adecuada fundamentación.

La exigencia de motivación y de que concurran además los requisitos de que exista riesgo de fuga o peligro de que el imputado en libertad obstaculice la averiguación del hecho para que proceda la detención preventiva, constituye una reforma reciente de la Ley de Fianza Juratoria Contra la Retardación de Justicia Penal No. 1685, de fecha 2 de febrero de 1996, que no alcanzó a aplicarse uniforme y correctamente en todos los distritos judiciales del país, imponiéndose los criterios inquisitivos a los garantistas.

El arraigo, de acuerdo al régimen del 1973, puede disponerse aún de oficio, sin justificación fundamentada.

Sin importar la gravedad del hecho ni si se trata de un delito de bagatela o no, dictado el auto inicial de la instrucción, el juez a pedido de parte podía ordenar la anotación preventiva de la querella por ante Derechos Reales, Tránsito y Cooperativas Telefónicas, con el fin de precautelar la acción reparadora de daños y perjuicios. En la disposición no se guardaba ninguna proporción entre el hecho atribuido y la limitante del ejercicio del derecho de propiedad del imputado.

Las medidas cautelares personales y reales persiguen fines extrajudiciales y, lo que es más grave, se constituyen en aplicación de penas sin juicio previo, en franca violación del principio de presunción de inocencia.

El carácter francamente inquisitivo del régimen cautelar, regulado por el antiguo Código de Procedimiento Penal bajo el erróneo Título de "Las Medidas Jurisdiccionales", no respondía al espíritu constitucional. Sin embargo, ha generado una cultura jurídica y ciudadana frente el proceso penal, que si no había detenido durante el proceso, la causa ya estaba perdida para el querellante de inicio o viceversa, si él o los imputados estaban detenidos la causa estaba ya ganada para el acusador. En todo caso el nuevo Código de Procedimiento Penal establece un régimen cautelar de aplicación restrictiva de los derechos del imputado, lo que debe entenderse no sólo como "defensa de presupuestos constitucionales sino también como liberación ideológica..." [tt] que al final de cuentas hace insensible a la autoridad que administra justicia penal.

La oficiosidad en la disposición de medidas cautelares por parte del órgano judicial es suprimida en el nuevo orden procesal penal. Toda medida que restrinja derechos debe ser ordenada a pedido de parte y mediante auto motivado, que es impugnable y revisable, eso sí, aún de oficio, si las condiciones que han dado lugar a su aplicación desaparecen o se han transformado, los fines de la restricción de derechos son estrictamente cautelares, en definitiva, se trata de un giro de 180 grados con relación al sistema anterior.

En cuanto a la libertad provisional, se amplía el espectro de los delitos en los que procede ese beneficio y se reduce el espectro de los delitos en los que procede la detención preventiva,

---

[tt] Vélez Mariconde, Alfredo, Derecho Procesal Penal, Edit. Córdoba, Córdoba - Argentina, 3. Edición 1986, Tomo I pág. 314.

limitada a aquellos cuya pena máxima exceda los 3 años de privación de libertad, debiendo concurrir además: el riesgo de fuga u obstaculización de la justicia.

La necesidad de aplicar el nuevo régimen cautelar cuanto antes

La aplicación irrestricta de medidas cautelares de derechos en el proceso penal, con fines extraprocesales, acaba favoreciendo actos extorsivos o se transforma en injustos o anticipados cumplimientos de pena sin juicio previo, extremo que no podía ser sostenido por más tiempo. Por eso, el nuevo Código de Procedimiento Penal, en su Parte Final, Disposiciones Transitorias, bajo la modalidad de "Aplicación Anticipada", establece que entre otras disposiciones, entrarán en vigencia al año de la publicación del nuevo Código, las disposiciones que regulan las medidas cautelares, Título I, Título II y Capítulo I del Título III del Libro Quinto de la Primera. Es decir el 31 de mayo de 2000 en que empezó a aplicarse el nuevo régimen cautelar debe recordarse como el día de la democratización de la justicia, sino también como el día de la humanización de la justicia penal boliviana.

La detención preventiva de personas debe ser de aplicación excepcional y no así una regla que vulnere derechos y garantías individuales (aspecto considerado ampliamente en el NCPP). Si una persona habiendo sido detenida es puesta en libertad esta podrá estar subordinada a medidas que aseguren la comparecencia del acusado a las actuaciones procesales, o las diligencias correspondientes y, en su caso, para la ejecución del fallo.

Una consideración importantísima de estas garantías es que una persona privada de su libertad por detención o prisión tiene todo el derecho a recurrir ante un tribunal, a fin de que esta instancia en aplicación del principio de celeridad decida a la brevedad posible sobre la legalidad de su prisión y ordene su libertad si la prisión fuera ilegal.

La persona que haya sido ilegalmente detenida o presa tendrá el derecho efectivo a obtener reparación por el daño causado.

Asimismo en caso que una persona esté privada de su libertad, esta deberá ser tratada humanamente y con el debido respeto a su dignidad de ser humano.

El 11 de febrero de 1993, mediante Ley No. 1430, nuestro país procede a ratificar la Convención Americana sobre Derechos Humanos o Pacto de San José, aprobada en la Conferencia de Estados Americanos de San José, Costa Rica del 7 al 22 noviembre de 1969, que en el capitulo II referido a los Derechos Civiles y Políticos con relación al Art. 8 establece que toda persona tiene derecho a ser oída, con las debidas garantías que condiciona la legalidad, tratamiento que deberá realizarse dentro un plazo razonable, con la participación de la autoridad competente o sea un juez o tribunal que debe ser independiente e imparcial y que haya sido establecido con anterioridad por la Ley, en la sustanciación de cualquier acusación penal formulada contra ella, o por la determinación de sus derechos y obligaciones de orden civil, laboral, fiscal o de cualquier otro carácter.

Asimismo toda persona inculpada de delito tiene derecho a que se presuma su inocencia mientras no se establezca legalmente su culpabilidad durante un proceso y que toda persona tiene derecho, en plena igualdad, a las siguientes garantías mínimas:

En caso de inculpación a ser asistida gratuitamente por un traductor o interprete, en caso de no comprender o hablar el idioma del tribunal, tener comunicación previa y detallada sobre la acusación formulada en su contra; asimismo el derecho a tener el tiempo prudente y los medios adecuados para la preparación de su defensa.

El o la inculpada están garantizados a defenderse personalmente en juicio con el apoyo de un defensor técnico de su elección quien podrá diseñar y estructurar la estrategia correspondiente a favor del o la imputada. De igual forma tienen derecho a comunicarse libre y privadamente con su defensor antes de cualquier actuación procesal; en caso de no tener un defensor el estado le proporcionará uno remunerado si él o la inculpada no se defendiere por sí mismo ni nombrare defensor dentro del plazo establecido por ley; igualmente el o la imputada tienen derecho mediante su representante legal a interrogar a las y los testigos presentes en el tribunal y de obtener la comparecencia, como testigos o peritos de otras personas que puedan arrojar luz sobre los hechos, las personas que comparezcan ante autoridad competente en ningún momento serán obligados a declarar en su contra ni a declararse culpables de hechos que se les imputan; asimismo se garantiza el derecho a recurrir los fallos ante una instancia superior.

Y por último el o la inculpada absuelta por una sentencia firme no podrá ser sometido a nuevo juicio por los mismos hechos que ya fue juzgado y que el proceso penal debe ser público, salvo que sea necesario precautelar los intereses de la justicia.

En definitiva, Bolivia incorpora de manera sistemática los alcances de la Convención Americana a la normativa interna, recogiendo también, obviamente, los principios de la Declaración Universal de Derechos Humanos.

Bolivia y la implementación del nuevo Código de Procedimiento Penal

El nuevo Código de Procedimiento Penal es un instrumento de transformación radical de la justicia penal, y contiene una auténtica reforma procesal penal. Por esta misma certeza es que no se aplica como ley de la República, a partir del día de su publicación como es la regla, el legislador señala un término de *"vacatio legis"* de dos años para su aplicación plena. Sin embargo, establece una aplicación inmediata y una aplicación anticipada.

El 31 de mayo de 1999, fecha de publicación de la ley 1970 del nuevo Código de Procedimiento Penal, ingresan en vigencia inmediata los Artículos 19 y 20 de recategorización de acciones: algunos delitos de acción privada como los que atentan contra derechos de autor son convertidos en delitos de acción pública y otros, como el giro de cheque en descubierto de públicos son transformados en privados. Asimismo se amplía el catálogo de delitos de acción penal pública a instancia de parte. Estas modificaciones aparentemente sencillas no han motivado acciones previas de implementación, sin embargo, en el plano forense la conversión de acciones en causas en trámite derivó en determinar la necesidad de uniformar criterios a través de circulares emitidas por el Consejo de la Judicatura, en primer lugar, la Corte Suprema de Justicia y la Fiscalía General de la República, posteriormente.

Al año de la publicación de la Ley 1970, ingresa en vigencia el nuevo régimen de medidas cautelares personales y reales, criterios de oportunidad reglada, suspensión condicional del proceso y el nuevo régimen de la prescripción. Para esta vigencia se ejecutó un programa nacional de capacitación por pares, que se ejecutó entre febrero y mayo de 2000.

El plan nacional de implementación del nuevo Código de Procedimiento Penal

Durante el período de tratamiento legislativo del proyecto del nuevo Código de Procedimiento Penal, en el ámbito del Ministerio de Justicia y Derechos Humanos en febrero de 1998, se organizó un equipo interdisciplinario de pre-implementación de la reforma, sobre cuya base se estructuró posteriormente el Equipo Técnico de Implementación (ETI), del que ejercí las funciones de Coordinador General hasta el 15 de noviembre de 2000.

En noviembre de 1998 se publicó el documento "Aspectos Básicos para la Implementación del Nuevo Código de Procedimiento Penal," y se comenzó a desarrollar el Plan Nacional de Implementación.

Es decir, que Bolivia con estas previsiones amplió el período de planificación, lo que redundó a la larga en la optimización de tiempos de ejecución de acciones.

El primer recurso identificado para la elaboración del Plan Nacional ha sido el tiempo, precisamente el término de la *"vacatio legis"* al que se ajustan las acciones a desarrollarse.

El objetivo general del Plan ha sido formulado en los siguientes términos: generar las condiciones de diverso índole para la aplicación correcta y uniforme del nuevo Código de Procedimiento Penal, para cuyo cumplimiento se han identificado seis áreas de trabajo:

- área de adecuación institucional
- área de capacitación
- área de aplicación anticipada
- área de descongestionamiento y liquidación de causas
- área de difusión a la sociedad civil
- área de adecuación normativa

Cada área tiene un relativo grado de independencia, las acciones se ejecutan paralelamente, a veces se complementan entre sí, secuencial y sucesivamente.

El Plan se ha elaborado con la activa participación de las instituciones operadoras de justicia penal, para una apropiación más efectiva.

La Ley 1970 en su parte final transitoria crea los órganos de implementación de la Reforma Procesal Penal:

- La Comisión Nacional de Implementación, conformada por:
  o Vice-presidente de la República;
  o Presidente de la Comisión de Constitución, Policía Judicial y Régimen Electoral de la Cámara de Senadores;
  o Presidente de la Comisión de Constitución de la Cámara de Diputados;
  o Presidente de la Corte Suprema de Justicia de la Nación;
  o Ministro de Justicia y Derechos Humanos;
  o Fiscal General de la República.

El Comité Ejecutivo de Implementación (CEI), conformado por el Ministro de Justicia y representantes de:
- o Consejo de la Judicatura;
- o Fiscalía General;
- o Policía Nacional;
- o Ministerio de Gobierno;
- o Comité Ejecutivo de la Universidad Boliviana;
- o Colegio Nacional de Abogados;
- o Comisión de Constitución de Senadores y Diputados.

- El Equipo Técnico de Implementación (ETI) dirigido por un Coordinador General, que es secretario sin derecho a voto en el CEI y la CNI, conformado por Consultores para las seis áreas de trabajo, son pagados por MSD, agencia ejecutoria de USAID y la GTZ.[‡‡]

[‡‡] MSD: *Management Sciences for Development.* GTZ: *Deutsche Gesellschaft für Technische Zusammenarbeit*

Implicaciones y Retos para los Jueces en Ecuador

Dr. Arturo Donoso *

Muchas gracias por la invitación. Hablar sobre el tema de los retos que tenemos los jueces frente al nuevo Código de Procedimiento Penal implicaría hacer una nueva reflexión de todo un seminario.

Se podría hablar otra vez, y no voy a repetir obviamente, de la necesidad de capacitación, de infraestructura, de remuneraciones adecuadas para los jueces por la tarea que van a tener, de todo el aparataje económico que supone la aplicación del nuevo Código de Procedimiento Penal, si queremos que esto funcione.

El Código de Procedimiento Penal va a entrar en vigencia en julio del 2001, y para que funcione, necesitamos que el juez cumpla con su función.

Por ejemplo, en el tribunal penal, en donde deberían tomarse los testimonios dentro de la audiencia, resulta que algunos los toman antes de la audiencia, señalando día y hora en otros sitios. En esta situación, ¿donde está el principio de inmediación procesal para que el juez pueda evaluar la prueba y formarse un criterio?

---

* Presidente de la Segunda Sala de la Corte Suprema de Ecuador.

¿Cuántos de nosotros como jueces realizamos, mis queridos amigos, las diligencias que tenemos que hacer?, Yo estoy ahora de Presidente de la Segunda Sala de la Corte Suprema, y he dado la disposición, mientras sea yo presidente, de que los magistrados de la Corte Suprema tienen que ir a las prisiones para hacer los reconocimientos de firma cuando hay desistimientos, por ejemplo. En la práctica, ¿cuántos vamos? Soy el único. Los demás mandan al secretario para que haga un acto con lo cual cometen, perdónenme, falsedad ideológica, Zaffaroni ya lo señalaba.

El Código de Procedimiento Penal del 1983 buscaba, a través de la audiencia oral, que haya controversia de la prueba, que se las practiquen. Claro que se las puede reproducir y ese es el problema en el sistema inquisitivo, se reproducen todas las pruebas del sumario. Pero, ¿qué es la audiencia oral con ese código que no hemos querido aplicar? Es prácticamente una audiencia de estrados, nada más.

¿Será problema de ley? Queridos amigos, perdónenme, yo ya me he cansado también de decir, el código del 1983, no lo quisimos aplicar y el código del 2000 tampoco lo vamos a aplicar si no tenemos la voluntad de hacerlo.

Ya se me va pasando el tiempo y tengo que acortar, pero les dejo ésta que es la principal reflexión, en mi modesta opinión.

Insisto, no es tanto problema de infraestructura o de capacitación, sino y principalmente de falta de voluntad de aplicación. En la ley está todo, las leyes nos sobran en el Ecuador, con el código del 1983, o con el del 2000. Pero si no hay la voluntad de aplicarlo, no vamos a cambiar las cosas.

Es obvio que hay que hacer un esfuerzo de capacitación, es obvio que vamos a necesitar recursos, no vamos a poder realizar una audiencia como hoy se hace donde en el mejor de los casos hay una computadora. Esos son los problemas prácticos.

Pero yo voy a señalar para nosotros los jueces cuáles son los retos más importantes, a parte de lo que ya hemos señalado, que es la voluntad de aplicar.

Un primer reto fundamental, me parece, es el hecho de que los jueces van a tener, vamos a tener, que aceptar que no somos los dueños del proceso, sino que somos los conductores del proceso fundamentalmente desde el punto de vista garantista. ¿En qué me baso para hacer la afirmación que acabo de hacer? En el Artículo 27 del Código de Procedimiento Penal, que establece que la competencia de los jueces penales está basada fundamentalmente en garantizar el debido proceso como primera obligación; es decir, los derechos del sindicado, los derechos del imputado, los derechos del acusador, si lo hay, los derechos de la víctima que es la gran ausente del proceso.

Segunda obligación de los jueces: la práctica de los actos probatorios urgentes. Me quiero detener en esto porque aquí esta el principal reto, y vuelvo a lo que dije antes: si no tenemos suficientes jueces y la voluntad de éstos de tomar directamente las pruebas de manera que se cumpla el principio de inmediación procesal, el sistema no va a funcionar.

No olvidemos que el juez, cuando toma una decisión, lo que hace es un proceso lógico de razonamiento con su experiencia, conocimiento y en función de la prueba constante procesalmente para arribar a una conclusión lógica, usando la sana critica, que es una mezcla entre el conocimiento del juez y su experiencia.

Por esto hay que hacer un esfuerzo para que los jueces penales sean jueces penales y no sigan hablando cosas como si fuera un proceso civil. Claro que este es un problema de las universidades, que no sé si es un defecto solo ecuatoriano, pero le dan mucha importancia a la cuestión civil cuando el proceso penal requiere una especialidad y una especialización porque es derecho público.

El nuevo Código de Procedimiento Penal trae temas muy interesantes, como los fluidos corporales, por ejemplo — una serie de pericias que abre la puerta a lo que la ciencia nos pueda aportar: las ciencias naturales, las ciencias físicas, las ciencias exactas, etc. Por lo tanto, esto es un reto para los jueces penales, estos no pueden llegar a improvisarse, pues, tienen que tener por lo menos elementales conocimientos, pues son quienes van a tomar la resolución — y si no, dejan de ser jueces, y se los podría cambiar por una computadora. Aquí está lo fundamental, donde el juez es irremplazable es en la valoración de la prueba, en la conducción del proceso para que la prueba sea legalmente actuada y procesalmente aceptable. El juez tiene que calificar si la prueba está debidamente actuada o no, si hay lugar a que la prueba se incorpore al proceso o no. Una prueba ilegalmente actuada, prefabricada, nos dice el Código de Procedimiento Penal, no sirve en el proceso.

Y una cosa muy importante, los jueces vamos a ser los grandes enemigos de la policía porque exigimos respeto a los derechos humanos de las personas. No debemos permitir que sucedan situaciones irregulares como, por ejemplo, cuando llegan los imputados a rendir su declaración y están mirando al investigador que está al frente, amenazándoles, aunque esté el abogado defensor al lado y esté el fiscal, que generalmente y además en otro hecho de falsedad ideológica no está, y después señala que todo fue legal.

Los jueces vemos a diario en las salas de casación penal como en la mayoría de los procesos aunque la policía se muera de iras, deberían terminar en una absolución, porque no hay prueba de ninguna clase, como no sea una declaración pre procesal que en el nuevo Código de Procedimiento Penal y en la Constitución vigente, no tiene validez alguna, ni siquiera la confesión espontánea y verdadera que uno rinde en el proceso. Esto no sirve para nada y así tiene que ser, porque en el proceso acusatorio, la policía tiene que hacer su trabajo, y su trabajo significa reunir prueba documental, material, testimonial de toda clase. Con eso se hace el proceso, no con declaraciones pre procesales y procesales de los imputados.

Ese es el gran reto, mis queridos amigos y amigas, no es un problema de falta de ley o de dinero, es un problema de voluntad de querer aplicarlo. Los jueces tenemos que hacerlo, hay que hacerlo. Se les preguntará, ¿Usted autorizó una detención? Ese es otro punto fundamental dentro del proceso garantista — a los jueces les corresponde autorizar las medidas cautelares y reales, no queda en poder de los fiscales eso, no puede quedar en manos de los fiscales, es una tarea de los jueces, de los jueces penales y así tiene que ser, porque el juez es el garantista del debido proceso.

Pero si van a emitir como hoy se emiten boletas de prisión preventiva o de detención muy deportivamente, por cierto, con lo cual tenemos un problema en las prisiones, de un 70% de gente sin sentencia, porque en este país se giran las boletas de privación de libertad con una liberalidad espeluznante.

Esos factores son los que tienen que ser tomados en cuenta. Esta tarea de los jueces supone algo en lo que la propia Corte Suprema va estar también directamente involucrada. En los casos de fuero, el Presidente de la Corte Superior si es fuero de Corte Superior y el Presidente de la Corte Suprema si es fuero de Corte Suprema se convierten en los jueces garantistas del proceso de instrucción a cargo de los fiscales, o sea, van a hacer exactamente, y así tiene que ser, el mismo papel que un juez de lo penal durante la instrucción de un proceso. La pregunta que me hago es ¿Estará preparado el Presidente de la Corte Superior de cada distrito para ese papel? ¿Estará preparado el Presidente de la Corte Suprema para ese papel? Ahí están los retos. ¿Van a sentarse los honorables magistrados de la Corte Suprema y de las Cortes Superiores a recibir un curso de capacitación? Hay que hacerlo.

¿Qué van hacer las salas de las Cortes Superiores? ¿Van a actuar dentro de lo que dice el Artículo 29 del Código de Procedimiento Penal para la sustanciación de los recursos de apelación, para la sustanciación y resolución de la etapa del juicio en los casos de fuero previstos por la ley? En el sentido de que ellos son tribunales de lo penal, cada una de las salas de la Corte Superior a las que llegue, si es que llega algún día a haber especialización, las salas de lo penal de las Cortes Superiores que es adónde se tiene que llegar, en los casos de fuero de la Corte Superior.

Hoy no se puede reproducir pruebas que no hayan sido hechas durante el juicio, simplemente no hay prueba. Ahí está el reto, ya que únicamente se puede reproducir aquellas que han sido claramente establecidas en la ley con autorización de los jueces.

Y ahí está un reto, porque la policía dirá que en menos de lo que canta un gallo, perdonen la expresión vulgar, los jueces ponen en libertad, cuando ellos han hecho un trabajo extraordinario.

Podríamos revisar el resto del Código de Procedimiento Penal, pero me he querido centrar solo en esto porque aquí está la garantía de éxito, o los jueces vamos a cumplir la tarea que nos otorga el nuevo Código de Procedimiento Penal y vamos hacer el esfuerzo para eso, que no es cuestión de recursos sino de aceptar que tenemos que capacitarnos y que tenemos que cumplir lo que dice la ley, o el sistema no va a funcionar. Muchas gracias.

La Experiencia de los Jueces en El Salvador

Lic. Edward Sidney Blanco*

Distinguidos concurrentes, soy juez de instrucción de San Salvador, El Salvador. Antes de empezar a hablar sobre la experiencia que he vivido respecto al proceso penal anterior y la nueva experiencia respecto al vigente sistema procesal penal, debo explicarles así rápidamente como están integrados las instituciones y los funcionarios en el sistema judicial salvadoreño.

Los quince magistrados de la Corte Suprema de Justicia, los seis miembros del Consejo Nacional de la Judicatura, el Ministerio Público integrado por el Fiscal General de la República, Procurador General de la República y el Procurador para la Defensa de los Derechos Humanos, son seleccionados todos por la Asamblea Legislativa por un período de nueve los primeros y para tres años los restantes. Estos funcionarios participan de una u otra manera en el sistema de justicia en El Salvador; son elegidos por los dos tercios de los diputados electos, es decir, hay ochenta y cuatro diputados y se requiere para ello el voto favorable de al menos cincuenta y seis.

Tal como están integradas las fuerzas políticas en la Asamblea Legislativa, nunca antes hubo tanta equidad, porque ni la izquierda ni la derecha tiene la capacidad de llegar a los cincuenta y seis votos necesarios para elegir estos importantes funcionarios. Ni la izquierda, ni la derecha con sus aliados de costumbre tienen la capacidad de elegir dichos funcionarios. De tal manera que se vuelve necesario para la elección de los mismos unos acuerdos, unos negocios entre ellos mismos, entre la izquierda y la derecha y eso es alentador; y es alentador porque la

---

* Juez de Instrucción, San Salvador, El Salvador.

Corte Suprema ha dejado de ser lo que era, el departamento jurídico del órgano ejecutivo, el departamento jurídico de Casa Presidencial; eso era la Corte Suprema de Justicia y obedecía ordenes del propio órgano ejecutivo. Tan es así, que como lo adelantó el Dr. Figueredo, presente entre nosotros, quien tuvo participación en las investigaciones como miembro de la Comisión de la Verdad y solicitaron la renuncia inmediata de todos los magistrados del Tribunal Supremo de aquella época, que habían permitido o tolerado actos de corrupción y habían participado de ella en muchos casos, e inmediatamente salió el presidente de la Corte de esa época diciendo que "sólo Dios podía quitarlo".

Pero bien, las fuerzas ahora están, digamos, equilibradas. Las instituciones funcionan relativamente bien. Con estos vientos de reforma al sistema penal también se crearon todas las leyes que eran necesarias para hacerlo efectivo, de tal manera que se estudió y promulgó, se discutió, se aprobó y entró en vigencia un nuevo Código Penal, Procesal Penal, y una Ley de Vigilancia Penitenciaria y una Ley Transitoria para Regular la Tramitación de los Procesos Penales iniciados antes de la vigencia de los mismos. Esta nueva ley transitoria regula que los procesos anteriores a la vigencia del nuevo sistema debían continuar tramitándose bajo los mismos conceptos, pero además, era obligación revisar los procesos penales antiguos y hacer aplicables todas aquellas disposiciones que en la nueva ley se contempla y que le resulta favorable a los imputados.

Así mismo con la creación del nuevo Código Penal, se reguló una serie de beneficios para los procesados, de tal manera que los primeros en celebrar la entrada en vigencia de la nueva normativa el 20 de abril de 1998, los primeros beneficiarios, los primeros encantados con el nuevo sistema, fueron los reos, porque en él se contemplaba ciertos beneficios que todos los reos aplaudieron. Así, reos que habían entrado y permanecido en detención provisional mas allá de los seis meses les implicaba un día de detención provisional abonado a dos días de prisión, en caso de ser condenados, y aquellos reos que habían estado en detención provisional, entiéndase desde la captura hasta el momento de dictarse la sentencia definitiva firme, mas allá de un año, se computaba un día de detención por tres días de prisión;

con lo cual, como comprenderán, inmediatamente las cárceles se fueron desocupando en muchos aspectos. Entonces resulta que reos condenados por ejemplo a 20 años de prisión, al revisar sus expedientes, habían estado en detención provisional, es decir sin habérseles dictado su sentencia definitiva firme, unos cuatro años, habrá que hacer una multiplicación, cuatro por tres igual a doce años; llevaba entonces ese día 20 de abril de 1998, doce años de prisión y que por lo tanto tuvo derecho inmediatamente a los nuevos beneficios que consagraban el Código Penal, por ejemplo, el cumplimiento de la media pena o libertad condicional anticipada o la libertad condicional; de tal manera que fueron ahuecando las prisiones de muchos reos inmediatamente. Como comprenderán también, la gente empezó a protestar, se les acusó a los diputados de ser demasiado benevolentes e inmediatamente se quiso enmendar el problema, derogando esa imposición que le autorizaba, pero ya al final esto no tuvo efecto, porque también le era aplicable porque ellos, los condenados, estuvieron en tal situación durante la vigencia de esa normativa y por ende, les eran aplicables las disposiciones.

Así las cosas se planteó un Código Penal suave de acuerdo a los tiempos y un Código Procesal Penal extremadamente garantista; y es cierto, pero las garantías recogidas en los distintos sistemas penales tiene que ver desde luego también con los antecedentes inmediatos que haya vivido cada uno de los países respecto a los problemas políticos, sociales, económicos, etc. Digo esto, por ejemplo, porque en la antigua normativa estaba permitido la confesión extrajudicial y los policías no necesitaban más prueba que la confesión extrajudicial, por lo tanto, tampoco les interesaba investigar más cosas y esas confesiones extrajudiciales que habían sido arrancadas mediante torturas, amenazas, o violencia dentro de las prisiones, había que regularla con mayor cuidado.

Yo creo que la fuerza de la costumbre también viene haciendo cambiar las cosas. Hoy la confesión extrajudicial está desplazada; nadie obtiene confesiones extrajudiciales. En los cuerpos policiales no se interrogan a los imputados, simplemente se dedican a hacer sus investigaciones un poco más técnicas. Ciertamente los imputados están llenos de garantías así como también las víctimas; éstas no fueron olvidadas en el sistema penal, como algunos pretenden sostener; están expresamente recogidos sus derechos y de alguna manera se les trata de garantizar. Pero el sistema penal, a dos años y medio de vigencia, ha tenido ya reformas sustanciales que se han venido aprobando de acuerdo al pulso de la sociedad misma, a las necesidades de los órganos que se dedican a la investigación del delito, a la presencia de un fiscal y también un poco a la presión de la Policía N Civil en algunos aspectos bajo el argumento de facilitar las investigaciones.

Quiero decirles que yo soy relativamente novato como juez — tengo cuatro años de ser juez, dos años aplicando la anterior normativa y dos años aplicando la actual normativa y, en términos generales, debo decirles que los frutos o los beneficios de la nueva normativa son mas que evidentes. El sistema escrito, con sus características de ser un sistema lento, arcaico, investigaciones clandestinas, pruebas irregulares, pruebas obtenidas de manera ilícita, falsedades ideológicas, como ha dicho el Doctor, en donde firmaba el juez un acto en el que supuestamente estaba y nunca comparecía, estaba la perversión de la delegación de funciones, porque el empleado del tribunal interrogaba al imputado, practicaba las inspecciones, examinaba los testigos y escuchaba a los ofendidos, practicaba los reconocimientos en rueda de personas y pasaba al juez unos proyectos de resolución que el juez avalaba con su firma. Obviamente el imputado ni conocía al juzgador y, lo que es mas grave, el juez no conocía al que estaba juzgando. Había también una justicia clandestina, unos procedimientos misteriosos, unas pruebas a la que no se convocaba a las partes, etc.

Respecto a los actuales beneficios que tiene el nuevo sistema penal, nuestro sistema judicial está estructurado de una manera que seguramente ustedes lo ven un poco complicado, burocrático o engorroso, pero en lo personal me parece un sistema que está dando frutos. Obviamente también está lleno y sembrado de espinas, de criticas etc., pero poco a poco está dando sus frutos. Y todo empieza desde la pretendida independencia de la Corte Suprema de Justicia — creo que eso es vital para un país la independencia de los magistrados de la Tribunal Supremo.

Vemos que sus actuales magistrados se llenan la boca diciendo que ya no son el departamento jurídico de Casa Presidencial y que la misma tiene una presencia en la vida publica. Eso es importante porque es el mensaje que transmite también a los demás magistrados y jueces. Luego de la Corte Suprema de Justicia en el orden descendente de categorías, siguen las Cámaras de Segunda Instancia integrados cada uno por dos magistrados y abajo los Tribunales de Primera Instancia integrados por los jueces de paz, jueces de instrucción, jueces de sentencia y jueces de vigilancia penitenciaria y de ejecución de la pena. Los jueces de paz son abogados de la República todos y que han estado en el ejercicio de la profesión. Son personas que tienen la capacidad de tomar decisiones que definan totalmente un procedimiento. Son personas que tienen la capacidad de analizar las primeras diligencias presentadas por el fiscal junto con el requerimiento, de decidir cuáles son los casos que deben remitirse a la instrucción y cuáles son los casos en los que procede dictar un sobreseimiento definitivo o provisional, aplicar un procedimiento abreviado, lo cual significa que el mismo juez de paz dicta en una sola audiencia la sentencia definitiva y termina el caso; un juez de paz con la capacidad de autorizar conciliaciones, de aplicar los criterios de oportunidad y de suspender condicionalmente el procedimiento.

Con esto quiero resaltar que la función y la responsabilidad del juez de paz es enorme. Es él que al final decide si el caso debe remitirse a instrucción o si concluye en ese mismo juzgado, por alguna de las salidas alternas permitidas por la ley. Inicialmente algunos jueces tenían la sensación que el nuevo sistema venía a quitarles el poder, la autoridad que tenían. Yo creo que eso es falso, nunca antes como en este sistema un juez se considera verdadero juez, nunca antes el juez tiene tanto poder como ahora. A los jueces de paz se prefirió dejarlos, a diferencia de otros países con igual sistema donde no contemplan esa figura para cualquier delito. Pero el beneficio es evidente: del 100% de casos que ingresan a los Juzgados de Paz, un 60% se resuelve en esa primerísima instancia, de tal manera que el restante 40% pasa a los Juzgados de Instrucción, y éstos también son un nuevo filtro, unas nuevas oportunidades, unas nuevas alegaciones, unas nuevas presentaciones de tesis y antítesis por parte del defensor.

Ese 40% que pasa a los Juzgados de Instrucción, podemos decir que un 15 o 20% pasa a los Tribunales de Sentencia para la celebración del juicio.

Respecto a los plazos, la fiscalía tiene la obligación de presentar el requerimiento en el plazo de 72 horas si se trata de imputado detenido y en el plazo de 10 días si se trata de imputado no detenido. En el caso del imputado detenido y también en el caso de los imputados no detenidos, la fiscalía tiene la obligación de investigar apoyándose en la Policía Nacional Civil. Debo decir algunas cosas que, aunque el tema que me ha tocado a mí, de las explicaciones y retos de los jueces, yo creo que conviene decir alguna opinión respecto a la funciones del fiscal. La fiscalía en El Salvador, al igual que como he escuchado aquí, sufre escasez de recursos humanos y materiales, pero el código entró en vigencia y vea usted cómo resuelve problemas y en efecto, los va resolviendo en el camino. La fiscalía tiene la obligación de realizar las primeras investigaciones, lo que nosotros llamamos los actos iniciales de investigación, entrevistar testigos, realizar inspecciones, levantar actas de las investigaciones, en fin, preparar sus requerimientos. En ellos puede hacer cualquier solicitud: detención del imputado, sobreseimiento o aplicación de un procedimiento abreviado, la conciliación, la aplicación de criterios de oportunidad, la suspensión condicional de procedimiento, la desestimación de la acción y el juez de paz debe convocar a una audiencia inicial en un plazo también fijado de 72 horas, si se trata de imputado detenido y 5 días si se trata de imputado no detenido.

Si el juez decide ordenar la instrucción, remite el expediente junto con el imputado y las actuaciones al juez de instrucción y éste, a su recibo, puede modificar la calificación jurídica, modificar las medidas cautelares que la impuso el juez de paz o puede ratificarlas o revocarlas, reformarlas o dejarlas sin efecto, y luego empieza la fase de instrucción. Ni el juez de paz ni el juez de instrucción son investigadores. Ambos funcionarios están esperando el resultado de las investigaciones que hace el fiscal. Durante la instrucción, que de acuerdo a la ley tiene un término de seis meses, el fiscal continua haciendo sus averiguaciones y además cumpliendo las encomiendas que el juez de instrucción le ordena. En todo caso los fiscales actúan bajo el control jurisdiccional; el juez sigue siendo el juez, con el poder que nos imaginamos. El juez sigue teniendo el poder de controlar la instrucción, de encomendarle al fiscal que realice determinadas investigaciones y el fiscal la obligación de hacerlas, no sólo de cargo sino también de descargo a favor del imputado.

En el plazo de seis meses como máximo, que normalmente no se utilizan en su totalidad, debe celebrarse la audiencia preliminar por el juez de instrucción. Usualmente dicha audiencia se celebra en cuatro meses. Durante esos cuatro meses los imputados detenidos tienen derecho a solicitar revisión de sus medidas cautelares. Se pueden imponer en sustitución de la detención provisional, salvo los casos expresamente prohibidos, arresto domiciliario, prohibición de salir del país, caución económica, prohibición de visitar determinados lugares, prohibición de concurrir a determinadas zonas etc., hay como siete u ocho medidas que sustituyen la detención provisional cuando concurren motivos para acceder. Durante ese plazo, digamos de cuatro meses, para la celebración de la audiencia preliminar, se pueden hacer cuantas revisiones de detención provisional soliciten el imputado o su defensor. Durante la audiencia preliminar, el juez de instrucción también tiene similares facultades a las del juez de paz: sobreseer, aplicar un procedimiento abreviado, aplicar un criterio de oportunidad, suspender condicionalmente el procedimiento y autorizar conciliaciones. Pero además, obviamente, el juez puede admitir la acusación. Si esto último ocurre, el expediente e imputado se remiten a los Tribunales de Sentencia integrados por tres jueces. Unos delitos se conocen en tribunales colegiados por los tres jueces y hay determinados delitos que los conoce un solo juez: los menos graves, los sancionados con pena no privativa de libertad y en los que tiene intervención el jurado popular que todavía lo contemplamos por mandato constitucional.

El juicio se celebra a partir del recibo del expediente en un plazo no mayor de dos meses, la ley dice de diez a treinta días, pero eso ya no se está cumpliendo, y los Tribunales de Sentencia más saturados están señalando para dos meses después del recibo del expediente. Con esto quiero decir que una persona procesada por un delito de asesinato podría durarle el proceso hasta dictar sentencia definitiva en primera instancia de ocho a nueve meses, y luego los consecuentes recursos son impredecibles. Sobre todo impredecible el tiempo cuando llega a la Honorable Corte Suprema de Justicia en donde los recursos también se dilatan mas allá del tiempo señalado por la ley. Pero como algunos plazos procesales son tolerados por el mismo legislador al no sancionarlos frente al incumplimiento, no producen nulidad y obviamente el reto de los jueces, y esto es una de las primeras conclusiones, es cumplir con los plazos procesales y en buena medida se cumplen.

Obviamente en las primeras dos audiencias (la inicial y la preliminar), no se recibe las pruebas; se escucha al fiscal y al defensor sobre las pruebas que tienen para establecer cada uno de sus puntos, cada uno de los argumentos y por ello se exige bajo pena de inadmisibilidad que la parte que ofrezca pruebas debe precisar cuáles son los hechos y circunstancias que van a probar con cada uno de los medios que están ofreciendo.

Ventajas del sistema: celeridad, inmediación, se corrige la perversión de la delegación de funciones; es el juez el que juzga, ya no los empleados; transparencia, etc. El sistema escrito se presta a conjeturas, a especulaciones, a clandestinidad. En el sistema escrito, recuerdo, se especulaba de cuál iba hacer la resolución y sobre esas especulaciones habían negociaciones ilícitas también de las partes. En el sistema oral estamos ahí escuchando al fiscal, escuchando al defensor, y el juez debe resolver inmediatamente después de escucharlos y, claro, es un reto también para los jueces su preparación y su agilidad.

El cómo hacer para cambiar la mentalidad de los jueces es sencillo. Al contrario de lo que han dicho todos, yo creo que no necesitamos seminarios de muchos días, simplemente se cambia la mentalidad estudiando, y el sistema oral es de auto depuración. Los jueces que no quieren estudiar y que están aferrados a un sistema escrito, lento, arcaico, pernicioso, pues, se auto depuran solos. Luego se dan cuenta que no caben en ese sistema, lo mismo fiscales; de manera que el reto es romper las tradiciones. No hay que ser pesimistas — obviamente hemos encontrado miles de problemas en el camino que poco a poco hemos ido superando. A estas alturas, dos años y medio de vigencia del nuevo código, nadie absolutamente nadie, tiene la valentía de salir públicamente a expresar nostalgias del viejo sistema. Nadie echa de menos el sistema penal anterior, porque al contrario nos ha revelado la perversión y la corrupción que existían en el anterior. Muchas gracias.

Capítulo III
La Policía y el Ministerio Público y su Transformación

El Ministerio Público y su Transformación

Dr. John Birkett*

Es necesario al iniciar esta intervención ubicar al Ministerio Público para estudiar su transformación desde el ámbito del derecho constitucional como principal fundamento de su verdadera transformación.

Desde el punto de vista constitucional, y con el ánimo de no hacer un recuento histórico de su evolución demasiado largo, lo ubicaremos sólo desde la Constitución de 1993, publicada el 5 de mayo de ese mismo año (Registro Oficial No. 183). En ella encontramos al Ministerio Público inmerso en la Procuraduría General del Estado. Tanto es así que revisado el Art. 113 de dicha Constitución determinaba que "El Ministerio Público se ejerce por el Procurador General del Estado, los Ministros y Agentes fiscales". Como podemos observar, no se le otorgaba al Ministerio Público una mayor importancia, no se le entregaban facultades expresas y se le daba la calidad de máxima autoridad al Procurador General del Estado, al ponerlo a la cabeza de los funcionarios que ejercen sus facultades. Por otra parte, no se habla expresamente del Ministro Fiscal General, pues sólo se dice los Ministros y Agentes fiscales unificando en el término de Mi-

* Abogado, Ex Fiscal del Guayas, Ecuador.

nistro al Ministro Fiscal General y a los Ministros fiscales Distritales, sin rango ni distinción alguna.

Llegamos a la Constitución del año 1996 y la estructura e importancia del Ministerio Público empieza a cambiar y, al parecer, se le da mayor importancia y protagonismo en esta Constitución en el capítulo quinto, que trata de los organismos del Estado que aparecen recién debidamente diferenciadas; por una parte la Procuraduría General del Estado, que ocupa la sección II, Artículo 138, 139 y 140, y por otra parte encontramos al Ministerio Público que ocupa la sección III, Artículos 141 y 142. Como ustedes podrán notar, sólo dos artículos describen y determinan las facultades, obligaciones, atribuciones y ejercicios del Ministerio Público y es el Art. 141, en el cual se determina que el Ministerio Público se ejerce por el Ministro Fiscal General, Ministros Fiscales Distritales y los Agentes fiscales y demás funcionarios que determina la Ley. En el Art. 142, inciso final, encontramos que, por primera vez, se determina "que dentro del cumplimiento de sus obligaciones, el Ministerio Público conducirá las indagaciones previas y la investigación procesal penal con el apoyo de la policía judicial".

Debemos anotar dos cosas importantes: La palabra *conducirá* al referirse a las indagaciones previas y a la frase *con el apoyo de la policía judicial* lo que significa que por primera vez se le desea otorgar al Ministerio Público la conducción, esto es la dirección de estas indagaciones y se relaciona igualmente por primera vez en el derecho constitucional a la policía judicial en el apoyo al Ministerio Público tanto en dichas indagaciones, como en la investigación procesal penal, concediéndole un nuevo rol constitucional que se vio reforzado con la expedición de la Ley Orgánica del Ministerio Público el año siguiente, el 19 de marzo de 1997, y luego ampliadas estas facultades en la Constitución que entró en vigencia en agosto de 1998. En esta Constitución su rol se hace importante y protagónico, determinándose en su Artículo No. 217 que el Ministerio Público es *uno* e indivisible e independiente en sus relaciones con las ramas del poder público y lo integrarán los funcionarios que determine la ley. Tendrá autonomía administrativa y económica. El Ministro Fiscal General del Estado ejercerá su representación legal.

A su vez el Artículo No. 218 determina cómo será elegido el Ministro Fiscal General, manifestando que será elegido por el Congreso Nacional por mayoría de sus integrantes de una terna presentada por el Consejo Nacional de la Judicatura. Deberá reunir los mismos requisitos exigidos para ser Magistrado de la Corte Suprema de Justicia. Desempeñará sus funciones durante seis años y no podrá ser reelegido.

A continuación en su Artículo 219 se determinan las diversas funciones que le son encomendadas, y que como le hemos dicho, son ampliatorias a las de la Constitución de 1996. En esta Constitución de 1998 se manifiesta "El Ministerio Público *prevendrá en el conocimiento de las causas, dirigirá y promoverá la investigación preprocesal y procesal penal*". Esto es que primero determina la competencia a favor del Ministerio Público de una facultad que tienen los jueces y que está determinada en el Artículo 5to del Código de Procedimiento Penal actualmente en vigencia y que manifiesta que se considerará que el juez ha prevenido en el conocimiento de la causa cuando el auto cabeza de proceso hubiera sido citado al sindicado si hubiese o estuviere presente el defensor de oficio, y al fiscal si no hubiere o no estuviera presente y así describe las reglas de dicha competencia.

Dirigirá y promoverá la investigación pre procesal penal, entonces ¿qué significará esta palabra *dirigirá*? Significa pues que asume la facultad de dirección que estaba asignada igualmente al juez en el actual Código de Procedimiento Penal, Artículo 54, numeral 8, último inciso.

El juez, pues, es quien tiene la dirección de la investigación y puede delegarla a la policía judicial o recobrarla, asumiéndola en cualquier momento. Pero de acuerdo a la Constitución de 1998, es el fiscal quien tendrá a su cargo esta facultad de dirección, entendiéndola siempre desde el punto de vista jurídico. Esto es dándole a la policía judicial el camino jurídico para que la investigación tenga el éxito deseado a fin de buscar las pruebas más reales e idóneas en la búsqueda y comprobación de la verdad del proceso.

Continúa el Artículo 219 de la Constitución, manifestando que "de hallar fundamento, acusará a los presuntos infractores ante los jueces y tribunales competentes, e impulsará la acusación en la sustanciación del juicio penal".

De hallar fundamento, esto es que una vez terminada su investigación, deberá presentar su instrucción fiscal si el resultado de aquella determina que existen los fundamentos suficientes para imputar a una persona participación en el hecho delictivo (Artículo 217 del nuevo Código de Procedimiento Penal).

Pero también se le obliga a impulsar esa acusación en la sustanciación del juicio penal. Esto es no sólo en la investigación pre y procesal penal y la presentación de acusación, sino también el intervenir en el proceso activamente hasta su terminación.

En nuestro sistema procesal penal actual, esto es en el sistema llamado inquisitivo, el fiscal tiene realmente intervención limitada en el proceso. Se podría decir que luego de presentada la excitativa correspondiente es difícil una mayor intervención procesal. El fiscal tiene poco tiempo para revisar el proceso y sólo maneja por seis días el proceso, cuando el juez se lo concede en el cierre de la etapa sumarial. La Constitución actual y nuestro próximo Código de Procedimiento Penal otorgan al fiscal la obligación de impulsarlo en todas sus etapas desde la etapa de la investigación hasta la etapa del juicio en la audiencia del tribunal (dará su dictamen acusatorio si los resultados de su investigación le han proporcionado datos relevantes sobre la existencia del delito y fundamento grave que la permita presumir que el imputado es autor o participe de la infracción (Artículo 225 del Código de Procedimiento Penal nuevo, dictamen acusatorio).

Continuando con las facultades del Ministerio Público señaladas en la Constitución, debemos referirnos a aquella que dice "Para el cumplimiento de sus funciones el Ministro Fiscal General organizará y dirigirá un cuerpo Policial especializado y un Departamento Médico Legal". En el primer caso, el Ministerio Público ha sido claro en manifestar que es muy difícil técnica, económica y administrativamente el crear un nuevo cuerpo de organización operacional que tiene la policía nacional y por esto, se inició hace algo más de dos años una serie de talleres y trabajos conjuntos de capacitación interinstitucional Ministerio Público - Policía, tanto nacional como internacional.

En cuanto al Departamento Médico Legal que manifiesta la Constitución, en el Artículo 34 de las reformas a la Ley Orgánica del Ministerio Público que fueron publicadas en el R. O. No. 100 del 16 de julio 2000, se manifiesta: "Créase igualmente bajo dirección y coordinación del Fiscal General el sistema de Medicina Legal, Ciencias Forenses que contará con la ayuda de organismos Gubernamentales y no Gubernamentales que establezca de manera técnica y científica procedimientos estandarizados para la práctica de la pericia Médico–Legal". Igualmente debemos decir que se deberá contar con la ayuda de estos organismos para la creación del Departamento Médico Legal puesto que la situación del país y el presupuesto del Ministerio Público constituirían factores limitantes para que lo asuma el Ministerio Público por sí mismo.

Otra de las facultades constitucionales es: "Vigilará el funcionamiento y aplicación del régimen penitenciario y la rehabilitación social del delincuente". Difícil atribución que se le ha entregado puesto que existe un quememimportísmo y una falta de atención por parte del Estado en materia de la aplicación del régimen penitenciario y la rehabilitación del delincuente, y no se le da la importancia para lograr este anhelo constitucional dándole a este sistema un presupuesto insignificante e impidiéndole de cierta forma el desarrollo de la autogestión, y por cuyo motivo el control y vigilancia que efectúa el Ministerio Público nos golpea la conciencia y nos hace ver las infrahumanas condiciones en que viven los internos lo cual podría mejorar con un mejor presupuesto y permitiendo un amplio sistema de autogestión que en otros países está muy desarrollado con intervención de técnicos nacionales y extranjeros que mejoran la capacidad productiva del interno y tienden a logros exitosos en su rehabilitación y que evitan igualmente la violencia y la agresividad estimuladas por el ocio y agravadas por el consumo del alcohol y de drogas.

Igualmente el Ministerio Público deberá velar constitucionalmente por la protección de las víctimas, testigos y otros participantes en el juicio penal, facultad importante y delicada que en la actualidad no está totalmente listo el Ministerio Público a cumplirla por falta igualmente de medios económicos y técnicos, pero que es vital para la seguridad de los principales involucrados en el proceso. Sin embargo por la prensa he podido conocer que se están haciendo talleres de capacitación para enfrentar de una debida forma esta obligación constitucional.

Recordar el trayecto largo del proceso donde los testigos y víctimas puedan ser amenazadas.

Otras de las obligaciones constitucionales del Ministerio Público es la de coordinar y dirigir la lucha contra la corrupción con la colaboración de todas las entidades que dentro de su competencia tengan igual deber (Contraloría, Comisión Anticorrupción, especialmente esta última y que esta también determinadas entre los deberes y atribuciones señalados en la ley orgánica del Ministerio Público, Artículo tercero, Literal L.)

Difícil tarea en un país en que como lo han manifestado las instituciones que velan para erradicar la corrupción tanto nacionales como internacionales, es el síntoma normal en muchas instituciones públicas en nuestro país, la corrupción.

Coadyuvar en el patrocinio público para mantener el imperio de la Constitución y de la ley es otro de los deberes constitucionales del Ministerio Público, por lo cual, debemos hacer de los agentes fiscales y del Ministerio Público en general defensor de la Constitución y vigilantes de su cumplimiento, misión que esta fortalecida en el Código de Procedimiento Penal que entrará en vigencia en julio del 2001, así como también en la Constitución de la República cuando habla de los derechos civiles, Artículos 23 y 24.

Rol de la Policía Judicial en el Nuevo Código de Procedimiento Penal

Teniente Ingeniero Renato Cevallos Núñez*

El nuevo sistema procesal penal, que regirá por completo a partir de julio del próximo año, otorga un valor excepcional a la investigación material de los delitos.

Al consagrar un sistema predominantemente acusatorio en reemplazo del actual, el nuevo Código de Procedimiento Penal establece una distinción clara de las funciones de investigación, acusación y juzgamiento y las encarga a funcionarios distintos.

En su rol de investigar bajo la dirección del Ministerio Público, la policía judicial tendrá una amplia gama de responsabilidades que van desde la recolección de evidencias e informaciones útiles hasta la presentación oral de testimonios en el momento del juicio.

En el nuevo sistema procesal penal toda la actuación probatoria se va a concentrar en la etapa del juicio oral y público ante el tribunal penal. Allí, al acusar, el fiscal hará que todas las evidencias del delito se presenten en forma oral, junto con los testimonios.

En ese momento adquirirá una importancia extraordinaria la labor que la policía judicial haya desempeñado en auxilio de las funciones del fiscal.

---

* Jefe Departamento de Planificación y Coordinación, Dirección Nacional de la Policía Judicial, Ecuador.

La forma en que la evidencia haya sido recogida y preservada va a ser crucial en el momento del juicio.

Por muy bien hecha que esté una investigación, sus resultados pueden ser impugnados en el juicio si las evidencias materiales no se recogieron o no se conservaron adecuadamente.

Para el tribunal penal, debe ser creíble que las piezas de evidencia que va a tener ante sí fueron las que se recogieron en la escena del delito o en cualquier otro lugar objeto de investigación y que luego fueron debidamente preservadas, dentro de una adecuada cadena de custodia, para garantizar su integridad y por tanto su valor probatorio.

La presentación oral de testimonios en el momento del juicio puede incluir a varios de los efectivos de la institución policial.

Quienes recogieron la evidencia en el lugar de los hechos habrán de testificar acerca de cómo encontraron, recogieron y protegieron los diversos elementos probatorios encontrados.

Quienes hicieron labores de criminalística deberán testificar acerca de los procedimientos y resultados de sus pericias.

En fin, los investigadores de la policía judicial deberán testificar acerca de la actuación que hubieren realizado bajo la dirección del fiscal.

Las normas que rigen la acción de la policía judicial se hallan en diversas partes del nuevo Código de Procedimiento Penal. Para facilitar esta exposición, he recogido las más importantes y las he agrupado en diversos temas.

Me referiré en primer lugar a las normas que establecen ciertos principios generales.

I.   Principios generales

El Código define a la policía judicial como un cuerpo

auxiliar del Ministerio Público integrada por personal especializado de la Policía Nacional. (207)

A continuación señala la función fundamental de este cuerpo policial y establece que investiga, bajo la dirección del Ministerio Público, para reunir o asegurar elementos de convicción y evitar la fuga o el ocultamiento de los sospechosos (Art. 208).

Señala además que la policía judicial tiene la obligación de observar estrictamente las formalidades legales y reglamentarias y respetar los derechos humanos (Art. 211).

El incumplimiento de los deberes de la policía judicial se sanciona con multa, sin perjuicio de las sanciones disciplinarias contempladas en las leyes policiales (Art. 213).

A diferencia del Código en actual vigencia, que dispone que el juez apreciará los informes policiales basado en la sana crítica, el nuevo Código establece que las diligencias investigativas constituirán elementos de convicción y servirán para que el fiscal sustente sus actuaciones (Art. 214).

Estos son los principios generales que enmarcan la función de la policía judicial en el nuevo Código de Procedimiento Penal.

A continuación, constan lo que pueden denominarse funciones generales, que la policía judicial deberá desempeñar bajo la dirección del fiscal, y en estrecha relación con éste, dentro de un trabajo en equipo. Luego de estas funciones generales, se registran las funciones específicas en caso de homicidio, de muerte violenta o repentina, el caso del allanamiento y finalmente las funciones que la policía judicial puede desempeñar por delegación del fiscal. Se incluyen entre paréntesis los números de los Artículos pertinentes del nuevo Código de Procedimiento Penal.

II.   Funciones generales

- Recibir denuncias (Art. 42);
- Remitir al fiscal las denuncias que recibiere, para el reconocimiento (Art. 43);
- Dar aviso inmediato al fiscal de cualquier noticia sobre un delito de acción pública (Art. 209, No. 1);
- Recibir y cumplir las órdenes que impartan el fiscal y el juez competente (Art. 209, No. 2);
- Auxiliar a las víctimas del delito (Art. 209, No. 4);
- Preservar los vestigios del delitos y los elementos materiales de la infracción (Art. 209, No. 6);
- Realizar la identificación de los imputados (Art. 209, No. 7);
- Pedir directamente al juez practique algún acto probatorio urgente, sin perjuicio de notificar al fiscal (Art. 210);
- Incautar armas u otros instrumentos y los objetos y valores provenientes del delito y ponerlos a disposición del fiscal mediante inventario (Art. 212);
- Proteger la persona y la intimidad del ofendido, sin menoscabo de los derechos del imputado. (Art. 69, No. 6);
- Practicar (fiscal o policía judicial) el reconocimiento del lugar de la infracción. (Arts. 92; 216, No. 2);
- Si no se pueden hacer diligencias de identificación y fotografía, prescindir de éstas y dejar constancia de ello (Art. 102);
- Reconstrucción del hecho con el fiscal (Art. 112);
- Previa orden del juez, retener, abrir, interceptar y examinar correspondencia epistolar, telegráfica, telefónica, cablegráfica, por télex o por cualquier otro medio de comunicación (fiscal o policía judicial) (Art.150);
- Aprehender a una persona sorprendida en delito flagrante de acción pública (Arts. 161; 209, No. 3);
- Conservar y preservar fragmentos de la cosa cuya destrucción ha sido autorizada por el juez con fines de reconocimiento (Art. 111); y
- Impedir que las personas cuya cooperación se requiera, se ausenten del lugar (Art. 108).

III. En caso de homicidio

- Procurar la comprobación de la identidad del cadáver (Arts. 99; 209, No. 5); y
- Peritos médicos de la policía judicial: reconocimiento exterior del cadáver y autopsia, por orden del fiscal (Art. 100).

IV. En caso de muerte violenta o repentina

- No autorizar que se mueva el cuerpo sino luego del examen (fiscal o policía judicial) (Art. 101);
- Reconocer el lugar del hecho en la forma indicada en el Artículo 92 (Art. 101, No. 1);
- Ordenar que se tomen las huellas digitales del cadáver (Art. 101, No. 2);
- Recoger todos los objetos y documentos relacionados con la infracción (Art. 101, No. 3);
- Disponer que se tomen fotografías de lugar, cadáver y objetos (Art. 101, No. 4);
- Realizar la identificación, reconocimiento exterior y autopsia del cadáver (Art. 101, No. 5); y
- En caso de envenenamiento: examen toxicológico por peritos de la policía judicial (Art. 104).

V. Allanamiento

- El Código establece que para al allanamiento irá el fiscal, acompañado de la policía judicial (Art. 198); y
- Custodia y preservación de armas, documentos u objetos concernientes a la infracción recogidos durante el allanamiento (Art. 200).

VI. Funciones por delegación del fiscal

- Reconocer lugares, resultados, huellas, señales, armas, objetos e instrumentos (Art. 216, No. 2);

- Recibir versiones del ofendido y de las personas que presenciaron los hechos, advirtiéndoles de la obligación de presentarse a declarar en el juicio (Art. 216, No. 3); y
- Impedir por no más de seis horas, que las personas cuya información se requiera, se ausenten del lugar de los hechos (Art. 216, No. 5).

Capítulo IV
El Sistema de Defensa Pública y la Representación de la Víctima en el Nuevo Sistema

La Experiencia del Centro de Atención a Víctimas en Panamá: la Incorporación Activa de las Víctimas dentro del Sistema de Justicia

Lic. María Gabriela Fernández Pacheco*

Buenos días, mi participación en esta actividad está vinculada a un área que usualmente hemos dejado de lado en los procesos penales, me estoy refiriendo a la atención de las víctimas.

En Panamá me correspondió dirigir un proyecto como consultora externa para reestructurar un centro de atención a víctimas. Cuando me invitaron a este taller, me pidieron que expusiera, precisamente, sobre cual había sido la experiencia de organizar este centro de atención a víctimas y como se había desarrollado la experiencia en ese país.

Panamá, al igual que otros países de América Latina, ha recorrido un largo trecho en el proceso de modernización de su sistema de justicia, ya en 1995 se comienza a desarrollar un proceso de reforma penal, y en ese mismo año se abre un centro de asistencia a víctimas (CAV) dentro del Ministerio Público. Di-

---

* Consultora internacional de nacionalidad costarricense, especialista en desarrollo estratégico y análisis organizacional, radicada en San José, Costa Rica.

cho centro tenía como propósito crear condiciones adecuadas para apoyar a la víctima en el proceso de denuncia. Se había detectado por parte de fiscales, detectives y policía que cuando las y los denunciantes llegaban en estado de alteración emocional, las declaraciones eran insuficientes e incompletas.

La creación del centro da pie para que en 1998 en Panamá se apruebe una ley de protección a las víctimas del delito, ley que abrió un espacio muy importante y puso a la víctima dentro del escenario del proceso penal, como ente activo, hecho que usualmente no se había producido.

La ley de protección a las víctimas del delito otorga una serie de derechos a las víctimas que permiten que el CAV se planteara ofrecer una atención diferente a la víctima que no solamente vaya vinculada con la denuncia en forma inmediata, sino que permita dar seguimiento al caso iniciado.

En este contexto el año pasado se inició un proyecto cuya duración fue de once meses para reestructurar el CAV.

Los tres elementos claves a tomar en cuenta para el proceso de reestructuración estuvieron vinculados con los principios de atención del Centro, a saber: a) incluir en forma activa a la víctima dentro del proceso penal; b) facilitar y mejorar la recepción de denuncias, manteniendo el objetivo que desde el principio se había perseguido y; c) evitar la revictimización, que era uno de los problemas que se había discutido en distintos foros, y que se había detectado como uno de los problemas a resolver dentro de la ruta del proceso.

El CAV es la respuesta en primer lugar, al trauma y la crisis que sufren las víctimas cuando llegan a poner la denuncia, los cuales impiden que estén en condiciones adecuadas para poner una denuncia coherente.

La víctima, particularmente en ciertos delitos que después se explicarán, llega en un estado emocional que le impide, con frecuencia, hacer una presentación lógica de los hechos y en reiteradas oportunidades, cuando eran interrogadas o interrogados por la Policía Técnica Judicial o cuando el fiscal llamaba para hacer averiguaciones adicionales, se ponía en tela de duda la versión de la víctima porque parecía incoherente y poco consistente. El cambio que se produjo cuando se comenzó a dar una primer atención de contención a estas personas, convenció a fiscales, detectives y policías, sobre la importancia de este primer paso lo que facilitó no sólo el proceso de tomar la denuncia, sino el desarrollo posterior de la causa.

En segundo lugar, el CAV se creó para hacer más eficiente la protección a la víctima, es por ello que se pensó en reestructurarlo, para orientar a la víctima en la desconocida ruta del proceso penal. Las víctimas cuando llegan a poner la denuncia, no saben cuál es su participación en el proceso, no saben cuál es el paso que sigue, no solamente desde el punto de vista del proceso en sí mismo, sino de las posibles alternativas de asistencia que existen en el escenario institucional público y privado para llevar adelante su causa. Finalmente el CAV pretende brindar orientación y acompañamiento a la víctima en todo el proceso de desarrollo de la denuncia.

El primer paso que el Ministerio Público dio a través del proyecto, fue realizar un estudio que brindara pistas sobre cómo debía estar reestructurado el Centro de Atención a Víctimas y qué espacios son los que deberían fortalecerse, ampliarse o abrirse, buscando racionalizar los recursos públicos y focalizar las energías para que, en el marco del universo institucional público y privado, el CAV cumpliera un rol clave que se enlazará y completará la atención de las víctimas.

Primeramente se hizo un estudio para categorizar las denuncias recibidas por la Policía Técnica Judicial en los últimos diez años en Panamá, haciendo énfasis en los últimos dos años. El resultado de la investigación es el siguiente, en primer lugar se encontraron todos los tipos de delito vinculados con el hurto; en segundo lugar, delitos vinculados con posesión de drogas; violencia intrafamiliar en tercer lugar; delitos sexuales en cuarto lugar y un quinto lugar se establecieron los delitos contra menores, aunque estadísticamente no tenía mayor relevancia. Lo que llamó la atención, era lo que estaba pasando en la atención de menores y se evidenció que no había ninguna institución que estuviera atendiendo a los menores desde el punto de vista de sus derechos, entonces, y tratando de completar el universo del que hablamos anteriormente, se incluyó el capítulo de menores dentro del Centro de Atención a Víctimas.

De estos cinco delitos se hizo un estudio de la experiencia que había desarrollado el CAV desde su apertura hasta la fecha del estudio, es decir de 1996 hasta 1999. El resultado fue el siguiente: las víctimas que llegaban con más problemas de alteración emocional –aquí se hicieron entrevistas a los detectives, se revisaron las estadísticas, etc.- eran las víctimas de violencia intrafamiliar, las víctimas que venían por delitos sexuales, y luego las víctimas menores de edad. Para atender estos casos, las personas encargadas de hacer la investigación no tenían la capacitación adecuada, lo que desde su punto de vista (de los policías, detectives y fiscales) le restaba eficacia a su labor en lo tocante a obtener un relato de los hechos suficiente y adecuado para llevar a cabo la investigación.

Tomando esto en cuenta se hizo una agrupación de los delitos, violencia intrafamiliar, delitos sexuales y menores y nos encontramos con que en conjunto representaban el 12% del total de los delitos que se habían cometido en los últimos tres años (1996 - 1999), y se hace referencia solo a los últimos tres años porque violencia intrafamiliar es un delito que en Panamá se tipifica solamente en los últimos tres años, antes se tipificaba por lesiones etc. Esta información proporcionó el primer elemento para diseñar el Centro de Atención a Víctimas.

El segundo paso fue estudiar las estadísticas que había ido generando el CAV. Es preciso explicar en primer lugar como accede una persona al Centro, cuando alguien llega a poner la denuncia al Centro de Atención de Denuncias, pasa por una primera oficina que se llama filtro, esta oficina la dirige a los distintos órganos especializados, cuando pasa por ese lugar si se percibe que la víctima está alterada la remite inmediatamente al CAV y no a los detectives.

El estudio de todas las atenciones que había dado el CAV arrojó los siguientes resultados: Víctimas de violencia intrafamiliar era un 31%, la atención, delitos sexuales un 37%, maltrato al menor en un 6%, y lesiones personales un 22% - por lesiones personales se entienden distintos delitos, por ejemplo asalto. Otra área de la cual se atendían muchas víctimas pero no queda registrada, es la relativa a la gente que pone denuncias después de un accidente de tránsito,

El tercer paso que tomamos en cuenta para diseñar el CAV, fueron los resultados de la encuesta realizada a las víctimas que estaban llegando al centro. La encuesta se realizó a víctimas que hubieran llegado dos o más veces al centro, para valorar, por una parte, la calidad en la atención y orientación a víctimas y por otra cuál había sido la ruta que la víctima había seguido en el proceso de denuncia. La muestra fue parcialmente controlada, el primer contacto con la entrevistada fue al azar, pero la entrevista se producía solo en caso de que hubiera hecho dos o más visitas al centro.

El resultado fue sorprendente, las entrevistadas de la muestra en su totalidad eran víctimas de violencia intrafamiliar, surgieron datos reveladores, por ejemplo existe la idea de que la gente que llega a un centro de este tipo por problemas de violencia intrafamiliar, es gente de escasos recursos o con baja escolaridad. Sin embargo los datos nos mostraron otro panorama, el 52% de las víctimas tenían educación secundaria completa, el 17.5% eran profesionales con educación universitaria terminada, inclusive había varias abogadas con problemas de violencia intrafamiliar y que tampoco sabían cual era la ruta para seguir a pesar de su formación. Estos hechos nos confirmaron la profunda complejidad que rodea este tipo de violencia y la minusvalía que crea en sus víctimas, la cual no podía ni debía ser ignorada a la hora de diseñar una estrategia de atención.

Otros resultados fueron los siguientes:

El 85% de las víctimas fueron objeto de violencia física y emocional, la violencia física trae aparejada la violencia emocional.

97

El primer lugar al que asistieron las víctimas fue a la Corregiduría (instancia de organización local pública de Panamá). Ese es uno de los lugares en donde la víctima con frecuencia es revictimizada. Entre otras razones porque el personal no ha sido capacitado, se favorece al agresor y se minimiza el problema.

Las víctimas llegaron al CAV buscando en un 53% de los casos protección, y el 39% orientación legal y alguna ayuda psicológica. El 53% de las víctimas llegan por protección porque su vida corre peligro. La víctima de delitos sexuales teme ser reatacada, porque como lo indican las estadísticas en la mayoría de los casos el agresor es conocido. En el caso de violencia intrafamiliar, las víctimas llegan al CAV, generalmente al final de una ascendente espiral de violencia, que con frecuencia ya ha puesto a la víctima en el hospital.

Un cuarto paso estuvo dado por la revisión de la legislación relacionada con la materia, no corresponde en este foro entrar a un análisis de la misma, pero vale la pena mencionar que se revisó la legislación existente para identificar los derechos de la víctima. Se hizo un estudio exhaustivo de la ley de protección de víctimas de 1998 y de otras leyes conexas.

Como un quinto paso se realizó un análisis organizacional no solamente del CAV sino también del Ministerio Público, de la fiscalía y de la Policía Técnica Judicial que son entes que están jerárquicamente y funcionalmente relacionados con el CAV y finalmente como sexto y último paso se llevó a cabo un análisis del entorno de las instituciones públicas y privadas que podían o tenían de hecho algún tipo de relación con las víctimas, es decir organizaciones no gubernamentales e instituciones públicas entre las que se debe destacar el Instituto de Medicina Legal que es a donde se remite a la víctima para ser revisada y para que surja un informe técnico imprescindible para el caso que construye la fiscalía.

Como productos de los seis pasos anteriormente mencionados se definieron para el CAV tres áreas prioritarias para desarrollar los protocolos de atención, los cuales requirieron un trabajo muy amplio y laborioso y por lo tanto no podían desarrollarse en todas las materias, dichas áreas fueron: violencia intrafamiliar, delitos sexuales y menores, este último aunque poco significativo estadísticamente hablando, desde el punto de vista de los derechos humanos era imprescindible atenderlo.

La definición de estos tres tipos de atención, no es excluyente para que el CAV pueda atender a cualquier otro tipo de víctima que llegue por ejemplo motivo de un asalto o de un accidente de tránsito, etc.; siempre se le va a atender, pero el desarrollo de toda la ruta de atención psicológica, médica y legal se diseñó para esos tres delitos en particular.

En síntesis se diseñaron estrategias de atención, rutas de proceso, manuales de atención y estructuras de coordinación para las áreas antes mencionadas. En relación con la coordinación es importante destacar que la falta de ella o su ineficacia, se erige como uno de los factores claves de revictimización, en el paso de una víctima de una institución a otra.

La falta de coordinación y de trabajo conjunto en las instituciones, llevan a multiplicar las declaraciones de la víctima, a que sea repreguntada una y otra vez, si a esto sumamos la falta de pericia y conocimiento de los operadores del sistema, entenderemos que al final del proceso que se supone debe proteger los derechos de la víctima, se convierte en una trampa. El problema en áreas tan sensitivas es que se confunde el deseo de ayudar con la pericia, la atención a víctimas en las categorías que definimos, no es un asunto de comprensión y buen corazón solamente, es un asunto de pericia y conocimiento.

Los aspectos claves para diseñar el perfil del CAV fueron los siguientes:

- el tipo de asistencia a la víctima según el tipo de delito;

- el diseño de la estructura general, lo cual supuso trabajar con los operadores del sistema para definir las modalidades de remisión al CAV, al Instituto de Medicina Legal, a los hospitales y otras instituciones;

99

- la creación de todas las rutas y medios de comunicación;

- la capacitación de los operadores del sistema; y

- la red de coordinación, ya que la concepción del centro atiende al hecho de que el mismo no tiene el objetivo de resolver la situación integral de la víctima, sino que su función es acompañar y orientar a la víctima en el proceso de denuncia, darle una primera atención de contención, remitirla y acompañarla a las distintas instituciones públicas y privadas, por ejemplo al Instituto de Medicina Legal y otras como son las organizaciones no gubernamentales que tienen los recursos para dar una asistencia sostenida y de otra índole.

Adicionalmente, se estableció una línea de urgencia de 24 horas, aspecto muy importante, porque la atención de los operadores de justicia cubre entre 8 o 10 horas diarias en horario diurno y las víctimas, sobre todo las de violencia intrafamiliar y delitos sexuales, sufren la mayor parte de sus ataques en horas de la noche, días de fiesta y fines de semana.

Como corolario a los aspectos sustantivos antes mencionados, se replanteó la necesidad de reestructurar dos vectores claves de apoyo: el sistema informático y el sistema administrativo.

El sistema informático, no trata sencillamente de instalar computadoras y diseñar sistemas para contar con estadísticas confiables, sino que debe permitir crear las condiciones adecuadas para tomar la declaración de las víctimas en el CAV y enviar a los detectives y fiscales la misma para ser incorporada al expediente, evitando la constante repregunta. Adicionalmente los fiscales y detectives tienen la oportunidad de ampliar o profundizar sobre aspectos claves de la declaración, para mejorar las oportunidades de la denunciante y obtener un resultado positivo para su caso. Es pertinente aclarar que tanto las guías de atención, como el sistema fueron diseñados en consulta con la Fiscalía y la Policía Técnica Judicial, a fin de que el procedimiento y el sistema respondieran a las necesidades y requerimientos de estos dos órganos.

En la línea de apoyo administrativo, se hizo una evaluación de los requerimientos de infraestructura y aquí es preciso hacer una acotación, diseñar un centro de atención a víctimas no es lo mismo que diseñar un centro de recepción de denuncias, se requiere de un diseño de infraestructura especia. Entre otros aspectos deben tomarse en cuenta las siguientes necesidades:

• la víctima con frecuencia debe ser examinada por un o una médico;

• muchas de las víctimas tienen mucho miedo, deben sentirse protegidos en el lugar en el que están;

• las víctimas llegan con niños, tiene que haber un espacio para que los niños estén vigilados por personal del Centro, para que la o el denunciante puedan dar su declaración con un mínimo de tranquilidad;

• los cubículos de los operadores del Centro deben ser tranquilos y apartados de zonas de mucho tránsito;

• debe existir una sala de espera reservada para las personas que son remitidas al Centro, la cual debe estar asistida por operarios o colaboradores.

Es decir, hay una serie de condiciones que se tuvieron que tomar en cuenta para realizar el diseño arquitectónico del Centro de Recepción de Denuncias y del CAV precisamente para que se atendieran estos aspectos.

El proyecto en términos prácticos tuvo dos fases, una primera mientras se hacía el proceso de investigación y una segunda fase que fue de diseño y ejecución, porque no podía esperarse al final del proyecto para comenzar la implementación. Esta particularidad nos dio la ventaja de ir haciendo ajustes de operación sobre la marcha.

101

Los primeros resultados fueron los siguientes:

• Se identificó y desarticularon los cuellos de botella más importantes en la red de atención a las víctimas;

• se detectaron y abordaron los problemas más serios en la atención a las víctimas desde la perspectiva del CAV, y se lograron detectar problemas en instituciones conexas, iniciándose acciones para su solución;

• hubo un decremento en el abandono de las denuncias por parte de las víctimas, lo cual era muy frecuente, existe hoy día un involucramiento activo y participativo y con conocimiento de causa de la víctima de lo que está pasando. La víctima pasó de ser un satélite abandonado en medio del universo de la justicia, a ser un actor activo, que tiene una responsabilidad, pero también tiene una serie de derechos dentro del proceso;

• se hizo visible a la víctima dentro del proceso, se dio un incremento en la confianza en la justicia por parte de la víctima. En la encuesta que se realizó en el marco del proyecto las víctimas decían que si volvieran a tener un problema un 100% de ellas volverían a acudir al CAV;

• hay una sensibilización y concientización de los operadores del sistema. Muchos de los funcionarios nos manifestaron que nunca habían entendido o que no habían sabido que era lo que pasaba con la víctima cuando llegaba, por qué se contradecía y que a partir de la capacitación y de la instrucción que ellos habían recibido finalmente entendían que era lo que estaba pasando y cómo hacer una mejor atención. Es importante destacar que los operadores con que tuvimos un mayor contacto (personal del CAV, de la fiscalía y de la Policía Técnica Judicial), no eran en absoluto indiferentes a las necesidades y requerimientos de la víctima, aunque se hubieran sentido en el pasado impotentes para atenderla;

• como resultado de los primeros esfuerzos de capacitación, hubo una mejora inmediata en el trato a la víctima. Como valor agregado se produjo un acercamiento muy importante entre la fiscalía y la Policía Técnica Judicial que tienen como factor común el Centro de Atención a Víctimas. Estos dos organismos pudieron conciliar de mejor forma sus necesidades a través de un entendimiento por una parte sobre las necesidades de la fiscalía y por otra de las responsabilidades de la policía, para crear un proceso de investigación a favor de un caso mejor articulado y de una denuncia más estructurada y mejor concebida.

Presentación de los Resultados del Estudio sobre los Servicios de Defensoría Legal Ofertados por la Sociedad Civil en El Ecuador

Dra. Natacha Reyes*

La Fundación Esquel tiene un fondo llamado de Justicia y Sociedad mediante el cual apoya para que la administración de justicia, sobre todo aquellos asuntos que están relacionados con el derecho penal, puedan ser mejorados en el ámbito del estado ecuatoriano.

En este contexto, esta Fundación contrató un estudio sobre los servicios legales alternativos provistos desde la sociedad civil. En este sentido participamos desde el Centro de Planificación y Estudios Sociales (CEPLAES), que es una institución que realiza estudios sociales.

Los objetivos de este estudio fueron cuatro: un listado sobre aquellos servicios legales provistos desde la sociedad civil en todas las capitales de provincia del Ecuador con excepción de Galápagos, esto quiere decir 21 provincias; luego realizar un inventario que pudiera dar cuenta de cómo estaban funcionando estos servicios, y presentar al público un estudio para que supiera en que medida estos servicios estaban sirviendo al país, cómo lo estaban haciendo, en que lugares, con qué recursos etc.; el tercer objetivo de este estudio fue formular indicadores de calidad para los servicios legales alternativos y, como un último resultado, elaborar una propuesta a la Corte Suprema de Justicia y al Con-

---

* Directora del Proyecto "Estudio de los centros de atención legal de la sociedad civil y las universidades, en casos penales y otros". Centro de Planificación y Estudios Sociales (CEPLAES). Ecuador.

sejo Nacional de la Judicatura para que los centros de atención legal alternativos puedan ser incorporados en el sistema de defensa pública.

Dentro de este estado de situación, una primera visión que se tiene desde los servicios legales alternativos hacia la administración de justicia es que en estos espacios hay muchas personas que en vez de cumplir con la meta de buscar el bien común, que es el sentido general del derecho, más bien lo que hacen es profitar desde estos ámbitos para hacer uso indebido del poder.

En segundo lugar, se le ve a la administración de justicia como un espacio politizado, es decir, no desprendido del sistema político - partidista, por lo tanto no es objetivo, sino más bien merece ser receptor de distintas intervenciones que precautelan los derechos de muy pocos en desmejora de la mayoría.

En tercer lugar, una percepción que hay desde los servicios es que desde la administración de justicia existe un desconocimiento de los derechos ciudadanos en general, con el fin de mantener el estado de cosas actuales. Por otra parte, desde dentro de la sociedad civil se plantea cuál es el sentido de la existencia de estos servicios que se autodenominan alternativos y además se preguntan ¿a qué se dice alternativos? ¿lo serán solo al ejercicio tradicional de la profesión desde los consultorios privados de los abogados?

A nuestro parecer, estos servicios legales alternativos tienen algunas características que les son muy propias. En primer lugar, generalmente se ordenan o se articulan para apoyar a personas en situación de desventaja, es decir, sus objetivos van, por lo general, en la vía de fijarse en los derechos de los más desprotegidos; en segundo lugar, se organizan alrededor de situaciones concretas que en el caso ecuatoriano son, sobre todo, aquellas relativas a la extrema situación de pobreza.

Estas organizaciones tienen como un fundamento originario el mejorar las condiciones de vida de la población. Un tercer fundamento que hace que estas se organicen, es buscar el conocimiento con respecto a los derechos existentes y aplicar sistemas de conocimiento y formación para mejorar la capacidad de los ciudadanos y las ciudadanas en el ejercicio de los derechos.

Hay algunas organizaciones (después describiré sucintamente los resultados y los obstáculos que tienen estas organizaciones) que en general en este último aspecto, del conocimiento y de la capacitación, hacen un énfasis en el estudio de la legislación internacional porque se cree que ésta es más acertada para defender a las personas que tienen una situación de vulnerabilidad especial con respecto al resto.

En este camino del conocimiento y de ejercer prácticas de capacitación, que muchas veces vienen dadas desde una autoformación organizativa, a veces sin la intervención de agentes externos y en otros casos sí con mucha intervención de éstos, se han iniciado una serie de nuevas prácticas. Lo interesante del proceso es que todas estas organizaciones de orden civil y privado tienen como propósito el incidir en el cambio de políticas públicas y lo han hecho. En todo caso, el sentido profundo que les motiva para vivir es el lograr cambios de mentalidad con el fin de transformar las estructuras actuales existentes.

¿Qué es lo que hemos descubierto en el estudio que ya viene llevándose a cabo en estos meses?

En el espacio de la administración de justicia hay una falta de capacidades técnicas que son muy evidentes. Quizás aquí puedo retomar algo de lo que se dijo ayer, la culpabilidad puede recaer en las escuelas de derecho que no se han actualizado, que no se han modernizado. De 17 escuelas de derecho que hemos tenido la oportunidad de conocer más o menos de cerca en el país, hemos visto que sus currículums no necesariamente están de acuerdo con el desarrollo actual de la vida, de la ciencia, de la tecnología, de una nueva cultura política, etc.

Por otro lado, dentro de la visión de lo que es la administración de justicia se nota, se percibe, que desde los jueces hay algunas prácticas que no son acordes con sus funciones, que están cargadas en muchos casos de corrupción.

De parte de los entrevistados, todo el conglomerado de los actores en la administración de justicia sienten que son asimilados a un estado más o menos prostituido de la vida. Tanto es así, que en una ciudad de nuestro país, una calle en donde hay mucho abogados a la que se le denomina del mismo modo que una calle de otra ciudad famosa por la presencia de trabajadoras sexuales. Suena terrible decir esto, pero es así, es decir, no hay una buena percepción con respecto a lo que es la administración de justicia, menos hay una buena percepción con respecto a lo que somos los abogados y las abogadas y aquí hablo con visión de género, ni de los unos, ni de las otras, y menos aún hay una buena percepción con respecto a los operadores de justicia, porque no es que a estos solamente les falte dotación en lo que es infraestructura o les falte buenos sueldos, sino que también a estos les falta capacidades técnicas, y además de esas capacidades técnicas les falta voluntad de servicio. Se nota que hay un sentimiento generalizado desde estas organizaciones de la sociedad civil de que los operadores de justicia son personas que están trabajando sin un sentido de hacia donde tiene que ir su trabajo; aquí no se percibe ese nexo que debería existir entre quienes están laborando como operadores de justicia con respecto al objetivo que deben cumplir finalmente que es apoyar a la administración de justicia.

En cuanto a la percepción positiva que se tiene, es que son espacios que se han ido generando últimamente y a raíz de todo el proceso de reforma de la administración de justicia; hay una visión positiva de los juzgados pilotos sobre todo en Azuay, porque son juzgados que están funcionando bien, según opinan esos servicios legales alternativos.

Por otro lado en la sociedad civil, en las organizaciones que están vigentes atendiendo al público para mejorar su situación de derecho, también hay algunos logros y algunos obstáculos. Entre los logros se pueden manifestar algunos: primero, el que son organizaciones que tienen una preocupación especial por superar permanentemente la calidad de sus servicios y en ese sentido el mejoramiento va principalmente por la capacitación en el conocimiento de los derechos y en el fortalecimiento de mecanismos de exigibilidad de éstos.

Otro logro importante es el establecimiento de metodologías de intervención; esto especialmente se ha notado en organizaciones que provienen desde el movimiento de mujeres y desde los movimientos indígenas y además desde todas aquellas que trabajan con menores.

Otro de los logros que hay en los servicios legales alternativos provistos desde la sociedad civil es indudablemente una voluntad de querer cambiar el estado actual de las cosas a través de un fortalecimiento interno entre estas organizaciones.

Generalmente han tendido a juntarse en red cuando han tenido como objetivo el superar situaciones de discriminación. En este caso la realidad ecuatoriana es muy interesante, el proceso que han llevado a cabo las mujeres especialmente desde el año 1995 cuando se establecieron las primeras comisarías de la mujer para hacer efectiva la Ley 103 que es contra la violencia a la mujer y la familia. Estas organizaciones, que en principio fueron cinco, han ido extendiendo su red no formal hasta contar ahora con 19 contrapartes en todo el territorio nacional con excepción de Galápagos. Estas organizaciones son en la práctica contrapartes de las comisarías de la mujer, que es un espacio muy interesante que está siendo inclusive tomado como ejemplo en algunos países de la región porque no se ha dado en otros espacios esta experiencia de combinar la sociedad civil y el estado para la resolución de un problema concreto como es el de la violencia intrafamiliar.

La existencia de las redes les permite cumplir con algunos objetivos bastante interesantes, entre otros el someterse a una rutina más o menos permanente de estudio y de reflexión alrededor de lo que están haciendo. Esto les ha posibilitado de manera primaria, aunque quieren hacerlo de mejor manera, establecer algunos rasgos de teoría con respecto a lo que es la violencia de género, por lo menos partiendo desde sus propias experiencias.

Por otro lado también ha sido interesante la capacidad que han tenido al relacionarse con algunos espacios del estado que no son fáciles de trabajar y entre ellos está la policía, es así como estas organizaciones de mujeres han venido manteniendo convenios desde 1995 hacia acá para incursionar en procesos de capacitación al cuerpo policial en derechos humanos y sobre todo derechos humanos con visión de género. Del mismo modo han actuado algunas organizaciones que trabajan con la niñez, en mucha menor medida organizaciones que trabajan en derechos humanos en general, y en mucho menos, organizaciones que trabajan con derechos de los pueblos indígenas.

Por otra parte, hay una sensibilidad muy desarrollada en estos espacios para procurar establecer mecanismos de exigibilidad de derechos. En ese sentido también es interesante señalar que desde algunas organizaciones, especialmente las que trabajan con mujeres y con niños han buscado el lograr nexos con personas claves al interior de instituciones como el Congreso Nacional. Así es como con la Comisión de la Mujer, el Niño y la Familia del Congreso se han firmado una serie de convenios que han permitido establecer algunas reformas legales interesantes. Por ejemplo, todo aquello que tiene que ver con el Código de Familia, algunas normas que se quieren reformular al interior de lo que es la ley de educación, por ejemplo en el caso específico para que se haga un análisis del reglamento de la ley de educación para que se sancione a aquellos profesores que han sido acusados como supuestos culpables de acoso o abuso sexual.

La sociedad civil ha impulsado estos convenios que llevan a hacer no solo un mejoramiento de las capacidades existentes de las instituciones públicas sino sobre todo la posibilidad de que desde estos espacios puedan incidirse en políticas públicas.

La otra percepción con respecto a cómo está el capital humano es con respecto a la población en general. Desde los servicios legales alternativos hay una preocupación constante por hacer que la población se informe con respecto a sus derechos y los pueda exigir. Comúnmente tienen prácticas de difusión que por asuntos económicos no son de carácter masivo aunque es la pretensión que sean así y para eso utilizan medios alternativos como folletos, talleres de capacitación, informativos volantes, se utiliza los medios locales de prensa en provincias mucho más que en Quito, se nota una cierta tradición desde los servicios legales alternativos de relacionarse con los medios de comunicación locales para hacer llegar y dar a conocer al público que es lo que está sucediendo respecto a sus derechos. Es interesante la experiencia que nosotros hemos revisado por ejemplo en Otavalo, es un pequeñísimo cantón de la provincia de Imbabura que está al norte de Quito, ahí hay una organización que a pesar de que tiene muy pocos años de vida ha tenido la capacidad de relacionarse con los medios locales de prensa y hacer conocer primero su trabajo y segundo sus objetivos, lo cual es muy interesante porque esto incita a la generación de un proceso en espiral que va haciendo que mientras más se informe, la gente acuda a estos servicios en mayor medida que multiplique sus peticiones de asesoramiento y por otro lado también empieza a exigir en mayor medida el cumplimiento de sus derechos en las instancias que son obligadas a hacerlo.

Con respecto a otra visión que hay desde los servicios legales alternativos es al capital de desarrollo, que es como lo hemos denominado, un poco para efectos de la presentación del informe, en este capital de desarrollo hemos revisado lo que es la infraestructura de los servicios legales alternativos y es bien interesante porque a pesar de que hay algunos niveles que les diferencian en mucho hemos visto estos espacios de desarrollo. Sin embargo, la mayoría de ellos tiene una preocupación vital por contar con espacios idóneos para la prestación de sus servicios. Es así como a veces nos ha tocado observar en algunas ciudades que es mucho mejor la provisión del espacio de infraestructura física que aquellos provistos desde el Estado y no es solo por una cuestión de cuántos recursos se tiene sino también por una cuestión de cómo se administran esos recursos. Es decir, si es que hay una máquina de escribir y hay una dotación de papel x en el uno y en el otro espacio, vemos que desde la organización de la sociedad civil hay una preocupación por hacer que esos recursos alcancen en mejor medida, se despilfarren menos. Por ejemplo una hoja se usa dos veces, se escribe de lado y de lado, lo que no se hace en los servicios públicos donde a pesar de las carencias hay más bien un sentido del dispendio, del derroche y de la falta de cuidado. Por ejemplo en Machala alguna vez tuvimos la ocasión de ver como los funcionarios compraban frituras y se limpiaban las manos con el papel de copia. Entonces son cosas que incitan a pensar en que desde la administración pública hay una falta de cuidado en lo que es la administración de sus propios recursos, lo que quiere decir que ahí habría que revisar el establecer un sentido del ahorro para procurarse mejores condiciones.

En general entonces estos servicios legales alternativos buscan el mejoramiento de las capacidades, del capital humano y de las que se pueden otorgar desde lo que es infraestructura y equipamiento, pero aquí hay una cosa bien interesante que revisar y es que alrededor de todo este sistema prima una ideología que es bastante distinta dependiendo del espacio que estemos observando. En el caso del espacio del estado, miramos una ideología que no quisiéramos denominar patriarcal pero que en este rato no se me ocurre un término mejor para expresar, que está asentado sobre el dominio sobre el poder y no necesariamente sobre un dominio y un poder que incita al orden o que incita al mejoramiento y a la búsqueda del bienestar común, sino más bien un dominio y un poder que nos ha dado muestras por los resultados de cómo está el país en el entorno continental y mundial, más bien de deterioro y de un deterioro bastante pobre y bastante triste y muy difícil de superar si es que no se toman medidas más o menos fuertes. Eso solo como un comentario desde quienes estamos haciendo el estudio, la investigación.

Bueno, es interesante señalar aquí que nosotros para la investigación hemos previsto el observar a distintos espacios que gravitan y no que serían grupos de la sociedad civil que están trabajando alrededor de los derechos y en este sentido hemos hecho una división porque han ido saliendo de los resultados así de servicios civiles que trabajan alrededor de sectores específicos de población. Por un lado están las mujeres, por otro lado están los indígenas, por otro están aquellos servicios que trabajan con menores y dentro de estos espacios también hay una subdivisión, mujeres que trabajan en asuntos específicos, por ejemplo, en violencia de género o en violencia contra la mujer y la familia, mujeres que trabajan en asuntos relativos a cambiar los lineamientos políticos en general y en ese sentido mujeres que incitan a buscar la participación mayoritaria de las mujeres en espacios de tomas de poder y mujeres que están dedicadas a hacer estudios de investigación con respecto a la realidad propia del mundo en que vivimos.

Por otro lado en el mundo indígena se han estudiado algunos servicios legales alternativos que miran al derecho desde su óptica, que es una óptica bastante particular. Ayer se trató en algún momento como las comunidades indígenas no solo en el Ecuador sino afuera también aplican sistemas de justicia que no son vistos bien desde la formalidad y eso porque frecuentemente asimilan la administración de justicia desde el mundo indígena solo desde la flagelación, el latigazo y la muerte. Cuando en realidad no es eso; va mucho más allá dentro de los servicios legales alternativos que hemos revisado. Hemos observado que hay organizaciones que están buscando equilibrar lo que es su derecho ancestral con el derecho occidental y judeocristiano, y en ese sentido hay inclusive algunas iniciativas de generar espacios de educación, una universidad indígena, una escuela de derecho indígena que pueda revisar el mundo del blanco mestizo, que pueda revisar el mundo no solo con visión occidental cristiana sino también el mundo desde otras culturas. También hay una preocupación de pasar aquella percepción que se tiene desde el mundo mestizo de que la administración de justicia indígena es voraz con los suyos.

Por el otro lado hemos hecho una revisión de los servicios legales provistos desde las universidades y nos hemos llevado algunas sorpresas porque hay universidades y universidades... algunas que por su trayectoria histórica deberían estar dando luces, o estarían siendo las llamadas para dar luces. Sin embargo lo que observamos es que tienen unas prácticas muy anquilosadas a pesar de hablar de principios en general bastante altruistas, sin embargo, como funcionan los consultorios jurídicos vemos que tienen bastante "olor a naftalina" por ser suave... Es decir aquí les falta modernizarse, les falta tener un sentido del servicio para el que efectivamente fueron convocados. Estos servicios jurídicos organizados, algunos de ellos ya mas de treinta años atrás, es decir unos servicios históricos pero que se han quedado en la prehistoria.

Aquí también encontramos que no todo es malo, hay unas muy buenas experiencias en las universidades que más bien tratan de estar a tono con la modernidad o con la contemporaneidad. Estos consultorios están como una carrera muy fuerte por hacer que sus estudiantes no solo hagan las prácticas que tradicionalmente se estilaban en las universidades tradicionales sino que además puedan incursionar en algunos campos que no han sido necesariamente aquellos en los cuales los abogados nos hemos movido. Hay una práctica muy interesante en este sentido de una universidad quiteña que está haciendo un énfasis en el estudio de los derechos humanos y está practicando a nivel internacional y compitiendo a nivel internacional lo cual es muy bueno. ¿Por qué? Porque oxigena una generación y a un país.

En provincias hay una ansiedad por mejorar pero no se sabe como. Hicimos un intercambio de experiencias bastante interesante en el cual participaron algunas organizaciones de tipo sociales alternativos y la percepción que se tiene es la necesidad de fortalecerse desde esos espacios a pesar de que actualmente hay una asociación de facultades de jurisprudencia. Sin embargo, no necesariamente las actividades de esta asociación son para mejorar estos consultorios jurídicos gratuitos; a raíz de esta investigación se ha despertado como la necesidad de hacer un énfasis en el mejoramiento de estos servicios.

Otro espacio bastante interesante es el de trabajar en los servicios legales alternativos que son el de las organizaciones vinculadas con los derechos humanos en general y aquí cuando se habla de derechos humanos se hace un énfasis sobre todo en aquellos que tienden a ser desconocidos por el estado. Así hay algunas organizaciones que no necesariamente prestan el servicio legal en el sentido de la defensoría pero si lo hacen en el sentido de la asesoría.

El marco que hemos investigado es de unas ochenta o cien instituciones que están brindando servicios legales; por definición en principio estos servicios son los de asesoría, en defensoría en la atención de casos de manera directa en asumir un proceso no llega asumirlo más de un 30% de servicios legales y de estos muy pocos los hacen en el área de derecho penal. Ha sido interesante sin embargo reconocer que los espacios que brindan los servicios legales de defensoría, tienen sistemas de registro mucho más ordenados en algunos casos que aquellos que encontramos normalmente en los tribunales o en los juzgados, cuando se quiere saber el número de casos atendidos, cuales fueron los sujetos sociales que recibieron esta atención, que tipo de atención recibieron, cuánto tiempo se demoraron en la atención del proceso, y algunos otros indicadores que nos están dando cuenta de la calidad de servicio, con la oportunidad con la que le atendieron, los medios que utilizaron, cuántos se capacitaron para atender, estamos viendo, que los servicios legales que si brindan defensa y asumen casos los hacen con una voluntad y con algo que iba mas allá de la voluntad... con un compromiso. Compromiso por el trabajo que hacen, por los sujetos sociales a los cuales están prestando servicio, por el país en el cual están viviendo y eso es importante porque nos está dando cuenta de nuevas prácticas y nos está dando cuenta que si es posible hablar de un cambio de mentalidad, y que el cambio de mentalidad si se puede dar.

Hay algunos resultados muy concretos desde los servicios legales alternativos provistos desde las mujeres que llegaron inclusive a plasmarse en la Constitución Política del Estado de 1988 y eso es una evidencia de que efectivamente en una sociedad que se organice en torno a un objetivo puede llegar a incidir en un espacio superior como es el de una Constitución Política para que desde ahí y a su vez pueda penetrar los distintos espacios de la vida y pueda incidir no solo en las políticas públicas, sino en las prácticas públicas. Y aquí una cosa que me faltaba decirles es que estas organizaciones se caracterizan por establecer una defensa de principios esencialmente más que de derechos establecidos en el Código Penal, en el Civil, en el Código de Menores, etc.

Como resumen, aquí hay varias lecciones aprendidas: una es que hay un país profundo, un país que esta ahí y que no esta siendo explicitado por los medios de comunicación, y que por eso no existe; pero que si existe y nos da cuenta de su existencia en distintas expresiones no solo estas que les hablo, las jurídicas, las legales, sino también en este cambio de actitudes que va logrando poco a poco una población. Este país profundo que si existe esta dando una lección de que es posible cambiar y en ese sentido la respuesta final de ese estudio es el conseguir que desde los espacios de toma de decisiones en la administración de justicia se pueda lograr que se aprovechen de estas capacidades técnicas ya instaladas, que se aproveche de este capital humano que ha venido formándose durante algunos años, que están dispuestos a trabajar porque tienen compromiso con el país para que puedan permitir ayudar al mejoramiento de la justicia, y en este sentido, si se lograra coincidir en un convenio, un acuerdo que reconociera estos espacios en lugares donde se puede dar defensoría pública sería lo ideal.

Estos servicios legales, cuando nosotros les hemos hecho esta propuesta no han estado muy convencidos de la idea porque sería recargarse terriblemente de trabajo, sin embargo, tienen el impulso de querer servir a su país, y ese impulso seguramente les va a convocar porque se oxigena, se enriquece con una experiencia de prácticas idóneas de compromiso real de mejorar la administración de justicia y por otro lado también ellos se beneficiarían, en cierto caso, porque tiene un gravísimo obstáculo que es el de los recursos.

Estos servicios legales funcionan con la voluntad pura y simple de sus participantes. Aquí hay una carencia absoluta de recursos para estos espacios y muchas de las personas que trabajan ahí lo hacen con medios escasos. Entonces, estos son los resultados de la investigación: en resumen hay una realidad latente que debe ser tomada desde quienes deciden en la administración de justicia.

La Experiencia de la Defensa Pública en Centroamérica

Dr. Alvaro Ferrandino

Buenos días, voy hacer uso de la libertad de cátedra de manera que aparte del tema que me habían pedido referido a las experiencias centroamericanas en el tema de la defensa pública, voy a exponer algunas reflexiones y referencias en relación con el ejercicio de la defensa técnica y al concepto del defensor, para no quedarme únicamente en una mera descripción de que ha sido el proceso de desarrollo y fortalecimiento de los sistemas de defensa pública en América Central.

Yo creo que hay una convicción generalizada o por lo menos casi generalizada de que en todo proceso y a cada imputado le debe acompañar un abogado defensor. Sin embargo, esta convicción no la veo muy clara cuando se refiere al tipo de abogado defensor que pretendemos traer al proceso penal; aquí cabe preguntarse para qué queremos un abogado defensor: un abogado defensor para legitimar formalmente los procesos o un abogado defensor para que ejerza de manera efectiva la defensa técnica.

El defensor viene al proceso para patrocinar un interés particular: el del imputado, pero para contribuir o satisfacer un fin público: el de administrar justicia; esto significa que no podríamos pensar en administrar justicia válidamente si no tenemos a la par del imputado un defensor que verdaderamente ejerza defensa técnica. Esta dinámica surgida del rol de las partes en el proceso penal, dentro de un sistema de justicia democrático, aún no es bien entendida.

---

* Consultor (Costa Rica) ex-Director de la Oficina de Defensa Pública, Costa Rica.

116

Uno de los aspectos fundamentales que giran alrededor de la reforma procesal penal es el convencimiento absoluto de que la actividad represiva del Estado está sometida a límites, y estos límites están establecidos en la Constitución y las leyes.

La ley procesal penal ecuatoriana lo que hace es desarrollar las garantías constitucionales y uno de los principios fundamentales establecidos en la Constitución es el derecho a la defensa. Por eso se ha dicho que el derecho a la defensa es el motor de las otras garantías, que aquéllas tienen un carácter casi estático y que le corresponde al derecho de defensa ponerlas en movimiento.

Debemos reconocer que el proceso penal en América Latina ha sido una herramienta idónea para el abuso de poder; esto no solamente es cosa del pasado, esto lo seguimos viviendo actualmente y especialmente lo vivimos y estamos en contacto con estos abusos de poder aquellos que ejercemos la defensa.

Seguimos viviendo en un estado policial, hay poco control de la actividad de la policía; por ejemplo en el tema de las detenciones. Ahora trabajo como consultor en Guatemala y durante algunas capacitaciones hacemos el análisis constitucional en relación con la detención por sospecha, en ello hay criterios diversos de interpretación por parte de los operadores de justicia pero en su mayoría están orientados a considerar válida la intervención del policía al detener a una persona, por el mero hecho de estimar que aquél sospecha que ha cometido un delito, sin que exista una conducta (externa) que pueda ser objeto de verificación.

En este sentido, una singular y decidida labor de definición jurisprudencial ha sido emprendida por la defensa pública, alegando que la detención que se produce en las condiciones dichas·violenta el texto constitucional; con resultados positivos en procura de tutelar las garantías individuales mínimas: el derecho a la libertad, el debido proceso y el derecho de defensa.

Estas son las reglas del juego democrático; por eso cuando hablamos de un proceso penal que hemos ido cambiando, que tratamos de perfeccionar para acercarlo al ideal democrático de un estado de derecho, nos referimos siempre a las reglas del juego limpio, (el "fair play"). Poco a poco debemos ir aprendiendo que en el proceso penal hay que jugar limpio; y sobre todo que le compete al defensor exigir que se respete el debido proceso, que no se violenten los principios y las formas del proceso, le corresponde exigir que se juegue limpio, ello significa que debe exigir con su intervención que mediante el efectivo ejercicio del derecho de defensa, todas las garantías constitucionales sean observadas.

Señalamos entre otras, como evidencia de que el proceso penal sigue siendo una herramienta idónea para el abuso de poder, la falta de fundamentación de las resoluciones judiciales, el uso indiscriminado de la prisión preventiva, el irrespeto a los plazos procesales, la utilización de la prueba ilegítima y las detenciones ilegales; todos ellos están estrechamente ligados con el ejercicio de la defensa técnica, puesto que corresponde al defensor exigir que estos institutos se apliquen en las condiciones garantistas previstas por la Constitución y la ley procesal penal.

En lo que se refiere a la falta de fundamentación de las resoluciones judiciales, el problema radica en que generalmente en ellas se encuentra claro el qué de la decisión pero no el por qué de la misma; dictan el auto de llamamiento pero el juez no dice por qué, ordenan el allanamiento de un domicilio pero no dicen por qué, y esto es obligación del defensor exigirlo.

Otro aspecto importante que ya había señalado es la delegación de funciones. Todos son factores que han ido pervirtiendo el sistema penal, que es necesario erradicarlos, corresponde al abogado defensor exigir que todos estos vicios vayan desapareciendo de la práctica judicial, dentro de estos propósitos se va enmarcando el perfil del defensor que estamos buscando.

El ejercicio de la defensa técnica debe presentar al menos tres características: ser oportuno, permanente y eficaz. Oportuno en el sentido de que el defensor debe llegar al proceso en el momento en que la Constitución y la ley procesal penal lo establecen.

Normalmente no sucede así; en Costa Rica por ejemplo, hasta antes de enero de 1998, cuando entró en vigencia el actual Código Procesal Penal, el defensor llegaba al proceso al momento de la primera declaración ante el juez de instrucción y toda la etapa de investigación estaba librada al sano criterio de la policía. La puesta en vigencia de un nuevo proceso penal demandó de la presencia del defensor en distintos actos de mera investigación, inclusive en aquellos donde aún no hay un acusado identificado, de tal manera que en esos casos, se llama al defensor público para que controle el desarrollo del acto de investigación que el juez, la fiscalía y la policía van a realizar.

La otra característica importante del derecho de defensa es la permanencia. El hecho de que la defensa tiene que ser permanente significa que el defensor debe dar un seguimiento constante a la causa que se le ha asignado y permanecer en el proceso durante todo su desarrollo, dándole pleno respeto a la continuidad de la defensa. En la medida de lo posible el defensor no debe ser cambiado durante el proceso; y con mayor razón no debe ser sustituido de manera repentina, especialmente cuando poco tiempo después van a realizarse diligencias importantes como la audiencia de apertura a juicio o el debate.

La sustitución del defensor afecta la relación imputado-defensor y por ello incide sustancialmente en el correcto ejercicio de la defensa técnica.

La otra característica importante de la defensa técnica es la eficacia. Se basa en el hecho de que el defensor comparece al proceso para tutelar los intereses particulares del imputado y que por ende, tal presencia se debe traducir en un verdadero ejercicio de gestiones, intervenciones, alegatos, etc. que conlleven a la plena implementación de una estrategia de defensa.

Esta ha sido una característica que generalmente le ha faltado a nuestros sistemas de defensa, lo cual ha resultado favorecido por el mismo modelo de proceso penal de corte inquisitivo, que caracterizado por su secretividad, su carácter escrito y no contradictorio, ha favorecido la presencia de sistemas de asistencia legal, por lo general patrocinados por defensores de oficio, los cuales si bien es cierto asumen el ejercicio de la defensa de manera formal, al aceptar el cargo como tal, no realizan una verdadera defensa técnica. Se convirtieron en meros defensores formales, que poco o ningún valor agregan a la mejoría de la situación jurídica del imputado, que poco o nada hacen técnicamente a favor del imputado, pero cuya presencia en el proceso, dada la dinámica del mismo, basta para considerar, en apariencia, satisfecha la necesidad de un defensor.

Cabe destacar que al entrar en vigencia un sistema procesal más cercano al principio acusatorio, la presencia de un defensor que de manera efectiva tutele los intereses del imputado, se torna cada vez más imprescindible, en especial debido a que muchas de las diligencias procesales se realizarán de manera oral, en cuyo caso el defensor se verá obligado a intervenir, desarrollando y concretando su estrategia de defensa.

Muy rápidamente veamos tres deberes fundamentales que integran el ejercicio de la defensa técnica.

El primer deber importante del abogado defensor es deber de información. Corresponde al abogado defensor acercarse al imputado para que empiece a fluir la información respecto al caso y entonces se pueda fijar una estrategia de defensa.

El defensor no puede fijar una estrategia con lo que unilateralmente se le ocurra respecto al asunto; tiene que oír al imputado; el que generalmente está preso, con ello surge otro elemento importante en el ejercicio de la defensa técnica que es el de la visita carcelaria. Es obligación del defensor visitar a sus defendidos, establecer una verdadera relación de confianza profesional y sobre todo entrevistar a aquellas personas vinculadas o interesadas en el caso.

El deber de información obliga al abogado defensor a tomar conocimiento del caso que patrocina, a transmitir al imputado la información pertinente, a determinar y discutir con su defendido las alternativas de defensa, a identificar los medios de prueba de descargo disponibles o la disposición de colaboración de familiares o amigos para con el imputado en aspectos como la ubicación de prueba, el pago de fianzas, etc.

Otro aspecto es el deber de asistencia. Se refiere a la obligación del abogado defensor de orientar el ejercicio de la defensa material, es decir, aquella ejercida directamente por el imputado en el proceso. Por ejemplo, corresponde al defensor aconsejar al imputado sobre si le conviene declarar o abstenerse de hacerlo, sobre si comparece a rendir un cuerpo de escritura o se accede a una determinada pericia médica que se practicará sobre su integridad física; todos ellos son aspectos fundamentales del deber de asistencia y van de la mano con la ineludible relación de confianza profesional entre el defensor y el imputado y en consonancia con la estrategia de defensa fijada para el caso.

El deber de representación está integrado por aquella actividad que el defensor realiza en nombre del imputado, interposición de memoriales, argumentaciones, intervenciones, atención de audiencias, diligencias judiciales, por lo general se pueden realizar o cumplir sólo con la presencia del abogado defensor, en cuyo caso opera plenamente el deber de representación.

En relación con la experiencia centroamericana en lo que se refiere al desarrollo de sus sistemas de defensa pública, cabe mencionar que ésta fue muy anterior a la reforma procesal penal.

Por ejemplo en Guatemala, ya en el año 1992 se tenía un plan piloto de defensa pública, con el apoyo del ILANUD y posteriormente con la colaboración de MINUGUA-AID y la Cooperación Española, aunque el Código Procesal Penal entró a regir en el mes de julio de 1994.

Honduras que recientemente aprobó su Código Procesal Penal en mayo de este año, estableció un plan piloto de defensa pública, con la colaboración de la Agencia para el Desarrollo Internacional de los Estados Unidos, en el año 1989, el cual en el año 1992 y hasta la fecha, fue asumido como propio por la Corte Suprema de Justicia con presupuesto del Poder Judicial.

Costa Rica inició su experiencia en materia de defensa pública en el año de 1969, adscrito el sistema al Poder Judicial.

El Salvador lo tuvo institucionalizado en la Procuraduría General de la República a partir del año 1994 y también fue producto de un plan piloto apoyado con fondos de la AID durante varios años atrás. Los nicaragüenses lo establecieron en enero del 1999. Se creó la defensa pública mediante una reforma de la Ley Orgánica del Poder Judicial, que hasta hoy permite la subsistencia de tres sistemas de asistencia legal, los bufetes populares, la defensa de oficio y la defensoría pública. Le corresponde a los integrantes de este sistema de defensa pública nicaragüense sentar las bases de un efectivo servicio de defensa técnica que reúna las características y los deberes que anteriormente analizábamos. En la actualidad, son dieciséis defensores públicos en Managua.

Otro aspecto importante que quería señalar respecto a la experiencia centroamericana es la adscripción del sistema de defensa pública, es decir si debe depender de alguna de las instituciones del sector o si por el contrario, debe ser autónoma. En realidad, debo decir que no me importa de quién dependa el sistema de defensa pública, lo que me importa es que tenga independencia funcional. Ojalá tenga independencia presupuestaria también, pero es de medular importancia especialmente que tenga independencia funcional. Esto es importante porque es al defensor público al que le toca cuestionar al sistema de justicia, al que le toca inclusive denunciar algunos abusos y mediante sus gestiones procurar que éstos se vayan erradicando.

Guatemala tiene una defensoría pública autónoma. El Instituto de la Defensa Pública Penal en Guatemala no pertenece a ninguna institución del Estado, tiene autonomía funcional y financiera. El Director es nombrado por el Congreso de la República y éste le asigna su presupuesto. El marco jurídico del sistema de defensa pública en Guatemala lo encontramos no sólo en su ley constitutiva sino también en los Acuerdos de Paz firmados en Guatemala en el año 1996. Cito un aspecto importante del Acuerdo sobre Fortalecimiento del Poder Civil y Papel del Ejército en una Sociedad Democrática.

El Art.13 literal B dice que el Congreso de la República de Guatemala debe reformar la ley y "establecer el Servicio Público de Defensa Penal para proveer asistencia a quienes no puedan contratar servicios de asesoría provisional privada. Será un ente con autonomía funcional e independiente de los tres Organismos del Estado que tenga la misma jerarquía en el proceso que el Ministerio Público y que alcance efectiva cobertura nacional."

Entre todo el cuestionamiento que se viene haciendo en Guatemala sobre el cumplimiento o no de los Acuerdos de Paz, yo siempre levanto la voz en defensa del cumplimiento de este Acuerdo en específico. La Ley de la Defensa Pública, que creó el Instituto de la Defensa Pública Penal, se promulgó el 13 de julio del año 1998 y actualmente a la Defensa Pública el estado Guatemalteco le está asignando un presupuesto que se acerca a los cinco millones de dólares anuales. Se trata desde luego de una joven institución en el sector de justicia, a la cual en el futuro habrá que aumentarle los fondos para que alcance su plenitud y llegue a prestar asistencia a todos los usuarios que requieren sus servicios y a dar una total cobertura nacional.

En El Salvador, la defensoría pública depende de la Procuraduría General de la República, en Honduras depende hasta ahora de la Corte Suprema de Justicia con algunas iniciativas, que he escuchado recientemente, las cuales pretenden independizarla al igual que Guatemala. En Nicaragua pertenece al Poder Judicial al igual que en Costa Rica.

Aquí lo importante, repito, es la independencia funcional y cuando hablo de independencia funcional yo más o menos comparo el ejercicio de la defensa técnica con la libertad de cátedra. Yo como director de la Defensa Pública en mi país les establecí a los defensores una serie de funciones que debían cumplir pero nunca les decía lo que tenían que hacer en cada caso concreto. En Guatemala y El Salvador hemos apoyado la preparación de los perfiles del defensor público, los manuales de funciones y los instructivos, los cuales representan las bases fundamentales para el ejercicio de la defensa técnica, en función de las responsabilidades institucionales que asume el defensor al asumir su cargo.

Esto es el punto importante en el ejercicio de la defensa

técnica: su autonomía funcional y esto representa un reto porque va a depender un poco de que se encuentren presentes las tres características fundamentales que ya analizamos.

Me correspondió por algunos años seleccionar defensores, creo que a la hora de hacer ese reclutamiento se deben buscar en esos profesionales tres características: la primera es el conocimiento, la segunda es la experiencia y la tercera es la vocación; y si tengo que escoger entre las tres, me quedo con la tercera.

El ejercicio de la defensa es un ejercicio que nos compromete profesionalmente, en el cual la rutina y el desinterés no tienen cabida; porque además el ejercicio de la defensa no siempre es bien visto, se tiende a confundir al imputado con su defensor, entonces se piensa contrario de lo que dice Manzini que el defensor es un patrocinador de la delincuencia, aunque aquél lo que señala es que el defensor no es un patrocinador de la delincuencia sino del derecho y de la justicia en el tanto éstas se puedan ver menoscabadas en la figura del imputado.

Pero el común de la gente piensa diferente, entonces es muy importante tener claro que el defensor es y debe ser siempre y aún con el transcurso de los años, un agente de cambio, que debe luchar dentro del marco de la ética profesional, a favor de obtener los mayores beneficios posibles para el imputado, mediante la aplicación de la ley y la justicia.

Por ejemplo en El Salvador, recuerdo que en el año 1996 se aprobó una Ley de Emergencia para Combatir la Delincuencia, la cual como es normal en este tipo de normativa, conculcaba garantías. Los primeros que se pronunciaron en contra de dicha ley fueron los defensores públicos, los cuales, trabajando aún fuera de horario prepararon la acción de inconstitucionalidad que finalmente fue acogida por la Sala de lo Constitucional [de la Corte Suprema de Justicia].

En Guatemala, los que más han levantado la voz y han emprendido acciones en contra de la aplicación indiscriminada de la pena de muerte, han sido los defensores públicos. En mi país, contra el uso indiscriminado que se hacía de la prisión preventiva o de la prueba ilegítima o de la incomunicación autorizada, quienes lucharon judicialmente fueron también los defensores públicos.

En Nicaragua aún con un Código de Instrucción Criminal de 1879, los defensores públicos a la fecha están luchando por lo menos para que el ejercicio de la defensa técnica se inicie desde el momento mismo en que el imputado se presenta a rendir su primera declaración ante el juez de instrucción, situación que ha generado una discusión interesante desde agosto de 1999, cuando el equipo de defensores públicos, bajo el liderazgo de sus directoras, han procurado abrir un espacio que les permita a aquellos acompañar al imputado durante esta primera comparecencia ante el juez de instrucción.

Al finalizar esta exposición no puedo evitar hacer dos observaciones puntuales al texto del Código de Procedimiento Penal ecuatoriano; con toda la reserva del caso porque fue hasta ayer que tuve la oportunidad de conocer su texto. Veo con satisfacción el hecho de que el Código no establezca la institución a la cual la defensa debe estar adscrita; al respecto debe generarse un debate nacional de manera que surja la institución que con responsabilidad pueda asumir dicho servicio de asistencia legal, llámese Procuraduría, Ministerio de Justicia o Corte Suprema, lo que es indudable es que se trata de una tarea de carácter público que debe asumir el Estado, por imperativo constitucional y convencional, ya que el propio Art. 8° de la Convención Americana sobre Derechos Humanos, en el capítulo relativo a Garantías Judiciales establece la obligación de organizar un sistema de asistencia legal a toda persona acusada de delito.

El segundo aspecto que quiero señalar se encuentra en las Disposiciones Transitorias del Código. Se refiere a la posibilidad de que mientras no haya un sistema de defensa pública organizado, este servicio continuará prestándolo el defensor de oficio; esto pareciera lógico dado el poco tiempo que queda antes de la entrada en vigencia del Código va a ser difícil institucionalizar la defensa pública, lo que me preocupa es que ese transitorio no tiene plazo; se establece de manera indeterminada y esto les puede generar el gran riesgo de que, a pesar de estar establecida la garantía de defensa en el Art. 74 pueden pasar años antes de que se tome la decisión política de organizarla e institucionalizarla.

Capítulo V
Estrategias (Nacionales e Internacionales) para Buscar Apoyo para las Reformas

La Reforma Judicial: Postergada pero Esencial para las Otras Reformas

Dr. Boris Cornejo*

Buenos días, quiero agradecerles por darme la oportunidad de compartir con ustedes algunas experiencias en la consecución de recursos financieros que apoyen este conjunto de reformas del Estado que se están llevando a cabo en varios países de América Latina.

Como escucharon de mis antecedentes profesionales, yo soy un economista, me siento bien con ello, es una aclaración necesaria en un país donde las cosas económicamente van muy mal al igual que en el resto de la región y la aclaración es válida también, porque obviamente no soy un especialista en los temas que ustedes están tratando en este evento. Sin embargo la vinculación de las experiencias que yo personalmente o la organización que trabajo hayamos podido llevar a cabo en apoyo a la reforma del sistema judicial, creo que pueden ser interesantes para compartir.

Una introducción que creo que es necesario señalar es que en mi opinión quizá una de las reformas permanentemente postergadas en todo el proceso de Modernización del Estado y de

---

* Vicepresidente de la Fundación Esquel, experto en temas de desarrollo, profesor universitario e investigador.

la Sociedad en la región, ha sido precisamente el tema de la reforma judicial. Si se hace un análisis de las reformas de los últimos veinte o quizás treinta años va a encontrar que hay mucho desarrollo, mucho material teórico y empírico en otros campos, como son la salud, la educación, la infraestructura, etc., pero los avances no han tenido la misma fuerza cuando uno se refiere al ámbito de la justicia y eso es bastante preocupante porque hoy en día conforme avanza ese proceso de modernización, conforme las sociedades se vinculan más entre sí, conforme los actores económicos, políticos y sociales traspasan o rebasan las fronteras y entran en un proceso de interrelación regional, mundial y global; obviamente el tema de la reforma judicial va a constituirse casi en un eje, casi en el centro del cual van a depender las otras reformas. Por eso es muy importante enfrentar el tema de la reforma judicial no solamente como una preocupación de quienes están en el campo de la jurisprudencia, no solo es un asunto de las cortes o de los abogados sino que es un asunto que compete a la sociedad en su conjunto.

Me ponía a pensar hoy cuando ustedes discutían el tema de la víctima, ese no es un tema de abogados, ese es un tema como dijo alguna de las personas aquí, es un tema que afecta y ofende a toda la sociedad. De allí que otros profesionales, que venimos de otras corrientes podamos hacer también unos aportes a este importante asunto.

¿Cuál es un primer señalamiento que hay que decir? Yo creo que el tema de la reforma judicial es demasiado grande, tiene muchos desafíos como para que pueda quedar simplemente a la respuesta o a la iniciativa de grupos aislados, de ciudadanos bien intencionados o comprometidos, de organizaciones de la sociedad civil o de actores del ámbito de la justicia. Me parece que ese es un desafío de todo el país, de toda la región y, por lo tanto, la consecución de recursos para apoyar las reformas tiene como pre requisito una voluntad política de quienes dirigen los países para canalizar recursos nacionales e internacionales a que sostengan ese proceso.

De lo que conozco de otras realidades de la región, un proceso de reforma judicial toma muchos años y, por lo tanto, el esfuerzo es grande, y debe ser sostenido y, sobre todo, evaluado. No se puede pretender entonces entrar en un proceso de reforma haciendo cosas por aquí o cosas por allá, sino que hay que tomar el desafío en su conjunto, organizar una actividad que pueda concluir en el largo plazo.

Dada esa condición, ese requisito casi *sine qua non* de liderazgo político, de compromiso de la autoridad, déjenme decirles algunas cuestiones que pueden ser relevantes en cuanto al contexto en el cual se está dando la reforma judicial en América Latina, contexto vinculado a la consecución de recursos para financiarla, que es el tema específico que se me ha pedido que trate en esta reunión.

La primera cosa, y son datos que son conocidos por mucha gente, es que en los últimos diez años ha habido un proceso paulatino de reducción de recursos de la cooperación internacional para América Latina, estoy hablando de recursos en general para todo lo que es atender los desafíos de la pobreza, la injusticia, la iniquidad, la falta de infraestructura, la modernización, etc., y eso tiene algunas razones, que también son por todos conocidas. En primer lugar la percepción de que los problemas de la región no son estrictamente de falta de dinero, hay abundancia de dinero, lo que faltan son los sistemas políticos que distribuyan e inviertan bien ese dinero. Esa percepción también la tienen los donantes internacionales y, por lo tanto, la pregunta que se hacen es porqué debo yo dar mis recursos a una sociedad o a una región que tiene los recursos, pero que por problemas de organización social, política o lo que fuese, no los utilizan adecuadamente. Entonces eso de hecho ha ocasionado una disminución de estos recursos.

Segundo y esto es opinión de los donantes, llámense organismos, países, agencias, fundaciones, etc., hay una suerte de agotamiento, o sea muchos años de estar cooperando con la región y no tener resultados visibles a nivel del conjunto, puede ser que hayan resultados visibles sectorialmente o en algún determinado país, pero en general la visión es ésa; entonces hay un agotamiento. De nuevo la pregunta es por qué debo seguir invirtiendo si no se están logrando los resultados que se prometieron, cuando se contrataron esos recursos.

Tercero, hay un re direccionamiento de la ayuda, o sea los nuevos desafíos que tiene la cooperación ya no están en América Latina, están en África donde los casos de pobreza son realmente extremos, están en Europa Central y en Europa Oriental donde hay que apoyar el fortalecimiento de las democracias en esas sociedades y también los cambios de los sistemas políticos que tenían allí, entonces eso también distrae o quita recursos a la región.

Luego hay una tendencia que también hay que tomarla en cuenta, que cada vez que llega ayuda a nuestros países, no llega sola, normalmente casi siempre llega con alguna forma de condicionamiento. Una tendencia adicional es que los cooperantes están prefiriendo apoyar reformas que den resultados en el corto plazo.

Como ustedes saben el tema de la reforma judicial no es un tema que hay que esperar resultados de aquí a la próxima cosecha, como puede ser el caso de los proyectos de generación de ingresos, o productivos o de pobreza en general, que son factibles de evaluar en tiempo más bien cortos. En definitiva hay una creciente competencia por los recursos de la cooperación internacional, especialmente para temáticas vinculadas a reformas como la judicial.

Analizados brevemente, algunos de los elementos del contexto financiero, consideremos, a continuación, ¿cuáles son las posibles fuentes que pueden apoyar con importantes recursos la reforma de la justicia?

En primer lugar, están los organismos multilaterales y no por que les interese arbitrariamente apoyar este sector, sino porque es parte de las estrategias que se han logrado a nivel internacional, como por ejemplo entre los organismos que se constituyen el llamado consenso de Washington, para apoyar las reformas del estado, la modernización con patrones que, en lo posible, sean parecidos o similares y que hagan posible la administración de una justicia internacional. Entonces existen dotaciones de recursos, por ejemplo en el Banco Mundial, en el Banco Interamericano de Desarrollo y en algunos organismos regionales para apoyar este tipo de emprendimientos. Existen sus condiciones y hay experiencias buenas y malas. Creo que todos los países de la región han transitado por algunos de esos programas y proyectos y no son recursos que estén definitivamente agotados. La voluntad en los organismos multilaterales y el mandato existe, lo que hace falta es que se produzca la conexión con la voluntad política del país, del gobierno, para decir en la agenda de mi país el Ecuador, el Perú, Guatemala o cual fuese, es prioritario el tema de la reforma judicial, tan prioritario como las carreteras, la central hidroeléctrica o lo que fuese y si eso uno pone en la agenda ese tipo de temas es una señal política muy importante que sin dudas hará menos difícil el camino para conseguir esos recursos.

Igualmente hay mucho interés en los organismos bilaterales, hay todo el interés en lo que es gobiernos, quizá una noticia que es buena para el Ecuador, y por lo que esperaba encontrar más gente de nuestro país en este evento, es la reciente negociación que el gobierno ha hecho con los acreedores agrupados en el Club de París, que son gobiernos. Ahí hay dos tipos de deudas, una que es la deuda oficial que se la conoce como ayuda para el desarrollo; otra que es la deuda comercial, que presta un país a otro. Por ejemplo, el Ecuador ha llegado recientemente a acuerdos preliminares para emprender operaciones de canje de deuda por desarrollo social en el Club de París; de nuevo insisto si es que el Ecuador decide poner en su agenda de negociación de la deuda con algunos de los países miembros una indicación del tema de la reforma de justicia es altamente prioritario, entonces es probable que esos países tendrán un pedido, un mandato, una demanda del gobierno de su deudor y entiendo que a ellos les interesará mucho que exista un sistema de justicia adecuado, con unas garantías de un debido proceso en los temas que ustedes están manejando en esta reunión, que garantizan también sus derechos e inversiones. Yo creo que esa es una opción que está ahora y hay que manejarla con celeridad.

Pasando a otro tema más puntual, relativo a la forma como deben elaborarse las propuestas de financiamiento. ¿Qué es lo que normalmente un donante o un proveedor de recursos espera encontrar cuando analiza una solicitud de financiamiento? Primero, entender de que se trata, que exista claridad en los objetivos, en los propósitos, contestar a las preguntas de para que se esta haciendo esta reforma, en que plazos, con que contenidos, con que garantías se van a cumplir las promesas que en una solicitud o en uno de esos planteamientos a veces se hace. Esto es un tema que es bastante crítico a la hora de una negociación, porque la palabra clave que esta atrás de todo esto es, cuál es la credibilidad que tenemos como gobiernos, sociedades, o como sistema judicial, para que nos crean o para demostrar efectivamente que lo que decimos vamos a hacer, lo vamos a concretar; y para esto hace falta tener propuestas, documentos, planes, proyectos, actividades, cronogramas, presupuestos etc., que es una materia más aburrida, más técnica, pero que es parte de la tarea, del esfuerzo para convencer al donante.

Finalmente déjenme decirles que la tarea de la reforma judicial es demasiado grande, pero eso no debe paralizar la acción ni amedrentar los espíritus. Es una de esas tareas nacionales que mientras más pronto la comencemos será mucho mejor. En alguna ocasión algún colega de ustedes, experto judicial, me contaba que la reforma judicial en Chile tomó algo así como veinte años, y me dijo además, sí es que si mi memoria no falla, que costó algo así como cincuenta millones de dólares. Entonces, si es una tarea de veinte años y cincuenta millones de dólares a cualquiera le asusta, pero cuando se piensa en el impacto y el costo que tiene no hacer la reforma judicial y sus implicaciones en términos de desarrollo, hablando de niñas y niños, mujeres, indígenas, medio ambiente, y en general en todos los temas de la sociedad, sin meterme en los temas estrictos de la justicia, el impacto de la no reforma judicial va a ser seguramente mucho más caro que los cincuenta millones o frustrará para siempre la posibilidad de desarrollo de nuestros países.

Gracias.

La Necesidad de Lograr Consenso sobre los Cambios Acordados

Dr. Carlos Arrobo Rodas*

Bueno, Boris ha dicho que es importante saber para qué vamos a pedir recursos, para que vamos hacer una estrategia de apoyo financiero. Yo creo que es un punto central y creo que todavía no estamos de acuerdo en el país acerca de que sistema procesal penal queremos adoptar, porque unos vemos al nuevo Código con ojos acusatorios, y otros con ojos todavía inquisitivos. Entonces este es el primer problema central: desconocimiento sobre lo que es el código y sobre el sistema que queremos adoptar. Un segundo punto es que tenemos un marco legal que todavía es inarmónico entre sí; hay contradicciones entre el propio Código de Procedimiento Penal nuevo y algunas normas que están vigentes y que hay que reformarlas, y hay todavía incoherencias internas del nuevo Código de Procedimiento Penal que han sido estudiados en detalle por muchos colegas que han profundizado en esos contenidos. Hay un desconocimiento de que requerimos para aplicar el sistema; todavía no nos hemos sentado a pensar en eso, y sin duda una debilidad relativa de las instituciones que están llamadas a aplicar el sistema.

Yo diría la implementación de una estrategia para justamente la aplicación del Código como constituida por varios elementos, primero necesitamos una conformación de consensos, el país tiene que ponerse de acuerdo a donde quiere ir con el nuevo Código de Procedimiento Penal; segundo aspecto, un ajuste del marco legal; un tercer aspecto es la construcción de la capacidad institucional para llevar adelante la reforma, luego de eso pues

---

* Doctor en Jurisprudencia, consultor en organismos unilaterales, consultor del Departamento de Justicia de Estados Unidos en Ecuador, colabora en la capacitación de la policía sobre el nuevo sistema procesal penal.

tendríamos que hacer una acción concertada para hacer todas estas actividades, ponernos de acuerdo en puntos del derecho.

El sistema acusatorio que va a remplazar dramáticamente al sistema mixto que tenemos ahora, normalmente reconoce dos momentos claves: un momento de recolección de evidencias, de investigación, y un momento de juzgamiento, y otorga eso a funcionarios separados, distintos, independientes. Eso es una transformación copernicana que tenemos que hacer en nuestra mente. Ya no vamos a tener durante la etapa de investigación una judicialización de las evidencias o una etapa neta de recolección de evidencias que nuestro código ha consagrado. Creo que es el único código de América Latina que tiene esta característica que estas investigaciones se hagan en reserva sin avisarle al delincuente que lo vamos a investigar para que tome rápidamente las providencias del caso. ¿Estamos de acuerdo en esta concepción de la investigación en reserva? ¿Estamos de acuerdo en que las evidencias que van a recoger el policía bajo la dirección jurídica del fiscal van a permanecer con una latencia probatoria hasta el momento en que se van a judicializar en el momento del juicio? ¿Estamos conscientes de ese cambio? ¿Estamos conscientes de que va haber dos ámbitos de convicción? Uno para el juez penal, el juez penal va tener que autorizar ciertas medidas de investigación y va a tener que resolver si vamos o no a juicio sobre la base de un nivel de convicción que es más bajo que el que tiene el tribunal para juzgar. El va a necesitar simplemente indicios fuertes para autorizar un allanamiento, para autorizar una interferencia telefónica, una interferencia de la correspondencia e indicios fuertes también sobre la existencia del delito y sobre la responsabilidad para llamar a juicio. No nos pasará que, para la audiencia preliminar, el juez va a querer pedir todas las evidencias para ver si va o no a juicio. ¿Estará él capacitado para entender esta nueva noción que en sistema acusatorio puro se llama "la causa probable"? que es un nivel mucho más bajo de convicción que necesitamos para juzgar.

La contradicción y la confrontación en el juicio. El momento del juicio como está establecido en el nuevo sistema procesal casi copia el sistema actual pero necesitamos allí, como decía al Doctor Maldonado, consagrar perfectamente establecida la posibilidad de confrontación, la posibilidad de que las pruebas que se van a presentar allí puedan ser confrontadas, es decir, el testigo se va a centrar y el defensor tiene derecho a contra interrogarlo y viceversa, el fiscal podrá contra interrogar a los testigos de la defensa. Vamos a tener a la policía sentada testificando y esta etapa del juicio no esta bien perfilada todavía, es muy formal, aún le estamos dando iniciativa probatoria al tribunal. El presidente del tribunal empieza interrogando al imputado, al acusado cuando él todavía no sabe nada de los hechos que van a ser presentados recién por el fiscal, entonces este aspecto legal de derecho tenemos que primero arreglarlo.

Consenso sobre los roles. ¿Será que el fiscal va a tener que estar en todas las escenas del crimen? ¿Será que va a tener que presenciar los allanamientos, será que va a tener que presenciar las entrevistas que haga la policía con potenciales testigo? O ¿tendrá otro rol, y todos estos roles de recolección de evidencia van a estar confiadas a la policía? Esta pregunta es central, si el fiscal va a tener que hacer todo eso, entonces se van a justificar ciertos tipos de capacitación, que el fiscal tiene que ser entrenado hasta sobre criminalística, pero si no va a ser así y va a ser un sistema mucho más perfilado, el fiscal va a tener la función central de dirección jurídica de la investigación, pero toda la investigación material va a estar en la policía. Entonces estos roles todavía no los tenemos bien perfilados, todavía yo veo programas de capacitación que dedican ochenta horas a capacitar a fiscales sobre criminalística ¿para qué? El no tiene por qué saber como se toman huellas, como se analizan las huellas, como se hacen pruebas de laboratorio, no es relevante. Vamos a seguir manteniendo la misma iniciativa probatoria del tribunal — ¿el tribunal va a poder pedir pruebas? O ¿se va a limitar su tarea de gran árbitro de la controversia que tienen a su cargo las partes procesales?

El segundo punto entonces, luego de los consensos sobre estos puntos es el ajuste del marco legal, la coherencia interna del Código de Procedimiento Penal. Hay todavía disposiciones que entre sí se contradicen. Hay que perfilar mejor el carácter acusatorio del código, quitarle todavía los residuos inquisitivos que van a complicar la investigación y que van a complicar la busca de la verdad, hay que reformar otras leyes. Yo tengo un caso paradigmático aquí: el Código de Procedimiento Penal que va a empezar a regir establece que la investigación se ha de hacer en reserva. ¿Qué quiere decir con esto? Que durante la etapa de investigación, la policía dirigida por el fiscal recoge evidencias, no las judicializa, las guarda, entonces empieza la instrucción fiscal y entonces sí, va donde el juez y le dice yo tengo razón para imputar a determinada persona la comisión de un delito, y aquí están las evidencias que tengo y en ese momento le descubre las evidencias a esta persona para que tenga derecho a defenderse. ¿Qué garantiza esto? Garantiza muchas cosas, garantiza incluso los propios derechos del sospechoso porque si el fiscal no encontró nada simplemente no le imputa de nada y no ha pasado nada. Pero tenemos que ponernos de acuerdo en este rol. Fíjense ustedes la reforma reciente de la ley orgánica del Ministerio Público establece lo siguiente en su Artículo 26: "El Ministerio Público garantizará la defensa de los imputados procesados en las indagaciones previas y en las investigaciones procesales por infracciones pesquisables de oficio (esta figura ya no existe en el nuevo código) quienes (imputados, sospechosos) deberán ser citados y notificados para los efectos de intervenir en las diligencias probatorias y aportar pruebas de descargo", ¿qué rige? ¿la reserva del código, o esta norma de una ley orgánica que tiene otra jerarquía constitucional que la del código? Cualquier actuación que viole esta disposición carecerá de eficacia probatoria. Yo puedo ir como fiscal amparado en el Código de Procedimiento Penal y el defensor me dice, "No, señor, usted actúo mal". Tenemos que lograr un consenso desde el punto de vista del derecho: ¿cuál es el derecho que prima aquí? La Constitución no está sobre el estado mental de los legisladores que aprobaron una cosa una vez y otra cosa otra vez. ¿Cómo arreglar este problema para que no vulnere la aplicación del código?

Tenemos que ir a un análisis de capacidad institucional pero para lograr un análisis de capacidad institucional primero tenemos que ponernos de acuerdo en los roles y entonces con los roles institucionales ir a preguntar a la institución. Señores policías, ustedes se van a encargar de que no más de la investigación previa van a tener a su cargo la cadena de custodias de la evidencia, para que esa evidencia que se recogió en la escena del crimen esté integra, intacta al momento del juicio y que no puede ser contradicha y la verdad pueda resplandecer. Le vamos a decir al fiscal, sus roles van a ser este y este otro, y lo mismo al juez penal, y al tribunal, y una vez conscientes de estos roles, les vamos a decir ¿está usted preparado para cumplir estos roles? ¿Qué hace falta entonces? Vemos roles diversos, capacidad institucional, y tenemos ahí las brechas de capacidad institucional. ¿Qué les falta: capacitación, un marco normativo adecuado, implementación física, recursos presupuestarios etc.? y ahí podremos perfilar un plan de fortalecimiento institucional y eso nos va a permitir una estimación de los costos.

Pero Boris nos decía todas estas cosas nos son indispensables para poder pedir una ayuda externa e incluso para canalizar los recursos internos. Nos hace falta saber quién es el sujeto activo de este derecho a pedir un auxilio financiero para la reforma procesal penal y aquí viene un tema que hemos estado postergando por mucho tiempo. En experiencias de otros países como la de Chile que mencionó Boris, por ejemplo, el Presidente de la República nombró una comisión de negociación para la implementación del código donde está la Corte Suprema de Justicia, el Congreso Nacional, el Ministro de Economía o de Finanzas, y está la fiscalía y la policía, y este grupo viene impulsando la reforma. Nosotros estamos lejos todavía del primer paso, así que yo propondría que una de las conclusiones de este evento sea instar al país a conformar esta comisión de alto nivel. A muchos se nos van a parar los pelos porque la mejor forma de hacer las cosas no es nombrar la comisión y entregarla la papa caliente, tenemos que reconocer que hay dos instancias, una instancia que sería la corte celestial que es el Presidente de la República, los ministros, y los mas altos dignatarios de los organismos involucrados, y tener un grupo operativo, un grupo de trabajo con los mejores hombres y mujeres de las instituciones que tomen a su cargo toda esta temática. Una vez hicimos una evaluación y había como 38 aspectos que están por dilucidarse y que esta comisión podría perfectamente tomar a su cargo, y este grupo de trabajo que trabajaría a tiempo completo iría haciendo operativa las decisiones que tome la comisión y le iría dando insumos a la comisión para que tome nuevas decisiones en todos estos ámbitos integración, marco legal, etc.

Esta comisión podría tener como resultado un plan de implementación. Nada nos cuesta soñar que este grupo de trabajo puede estar apoyado por uno de estos fondos de preparación de proyectos de estos organismos multilaterales. Si el país puede sentar a esta comisión frente a los donantes internacionales y hacerle presente lo que el país está pensando y quiere hacer en reforma procesal penal, es muy probable que esos organismos vean que efectivamente hay voluntad política del país para el cambio y se comprometa en un programa de financiamiento.

La comisión podría fijarse su marco legal, podría fijarse sus tareas, su forma de funcionamiento y nos podría dar como resultado un plan de implementación que me parece que en esta jornada por primera vez ha empezado a encontrar bases realistas de sustentación. Muchas gracias.

El Fortalecimiento de la Participación de la Sociedad Civil en el Acceso de la Justicia

Dr. Miguel Hernández Terán*

Señores organizadores, señores abogados, señores jueces, señoras y señores:

I

En primer lugar, gracias por la invitación a los organizadores. Creo que los temas que se están abordado en este seminario, en algunos casos, no han sido tratados con anterioridad en eventos de esta naturaleza. Pongo como ejemplo lo que acaba de decir el señor Boris Cornejo respecto del canje de deuda externa por inversión social, el cual es un dato de suma utilidad al cual voy a procurar aprovechar para aplicarlo al campo de la justicia. Así, pues, este encuentro puede generar una serie de resultados prácticos, de aprovechamiento sobre la base del cruce de información.

De otro lado, ya entrando en materia, es importante hacer cierta reflexión previa: el estado está dividido en tres funciones: *ejecutiva, judicial* y *legislativa*. desde el punto de vista de la *función ejecutiva*, hay que dar la cara hacia el interior del Ecuador, como también hacia el exterior. La función administrativa como llaman los administrativistas a la función ejecutiva, está volcada esencialmente a la *prestación de servicios públicos* de diversa naturaleza: salud, educación, etc., servicios públicos que constituyen una de las razones de ser del estado.

---

* Profesor de derecho civil en la Universidad Católica de Guayaquil, autor de varias obras sobre temas jurídicos, Director Ejecutivo de PROJUSTICIA.

La *función legislativa* está volcada a cumplir su rol de legislar y fiscalizar. La función judicial está orientada toda, en su conjunto, a la prestación de *un servicio público*: el de administrar justicia. Vale decir entonces, que a diferencia de lo que ocurre con la función ejecutiva, que a más de gobernar el estado es responsable - a través de una serie de instituciones u órganos adscritos o dependientes - de prestar múltiples servicios públicos, todo el eje de acción de la función judicial es la prestación de un solo servicio público: el de *administrar justicia*.

Desde el punto de vista de la función ejecutiva, la participación ciudadana en la prestación de los servicios públicos está concebida o enfocada más hacia la delegación del estado al sector empresarial para que éste se haga cargo de la prestación de ciertos servicios públicos. Desde el punto de vista de la función judicial o de la administración de justicia, debemos decir que hasta ahora se ha tenido el enfoque de que se trata de un campo esencialmente reservado al estado, que le compete exclusivamente a él, y de ahí que exista reiteradamente, por ejemplo en los códigos, la palabra *privativamente*.

Pero si nos ponemos a reflexionar sobre los actores que participan efectivamente en el campo de la justicia, encontraremos al estado y al ciudadano. Ciertamente, la participación ciudadana en tal campo ha sido completamente secundaria, limitada, y siendo esto, así creo que en la reforma judicial deberíamos trabajar en favor del fortalecimiento de esa participación, muy claramente delineada, de la sociedad civil en el acceso de la justicia. Al fin y al cabo, la génesis del conflicto, por diversas razones, nace en la sociedad. La administración de justicia es un servicio público que *atiende a una demanda ciudadana*. Mientras la solución de los conflictos se encuentre en su génesis misma, que es el hombre o la mujer en su interacción con el mundo que lo rodea, habrá menos demanda del servicio público mencionado, y por consiguiente menos problemas derivados que solucionar.

Decía un célebre autor español, que se llamaba Angel Ossorio y Gallardo, que la justicia se reduce a una *sensación*. El ciudadano siente, pues, la sensación de lo justo o la sensación de lo injusto.

Entonces, señores, las posibilidades de participación efectiva de la sociedad civil en el acceso a la justicia deben ser fortalecidas. De ella puede depender la satisfacción o la insatisfacción ciudadana sobre una " sensación" tan importante como es la sensación de la justicia. Lo que le interesa al ciudadano es la satisfacción de la necesidad, la prestación efectiva del servicio, el que se atienda a su conflicto. Bien pudiera ser que la solución a su particular conflicto no se encuentre necesariamente en la administración de justicia estatal. Puede ser que el ciudadano o ciudadana tenga una dosis importante de cultura jurídica y conciencia respecto de los derechos de que es titular, y el conflicto no llegue a la administración de justicia del estado, porque el ciudadano, con cierta asistencia o facilitación, haya solucionado su conflicto con su par. La idea de fondo es, pues, la solución, no la formalidad.

El acceso a la justicia no es, ustedes lo saben, acceder a la presentación de una demanda en la Sala de Sorteos de una corte y poner en movimiento el aparato judicial. El acceso a la justicia es la posibilidad de encontrar, en un tiempo razonable, que no afecte en niveles importantes la dimensión cualitativa del derecho que se postula, la solución efectiva del conflicto ciudadano.

El acceso efectivo a la justicia puede, pues, llegar al ciudadano o ciudadana sin tocar las puertas de la justicia estatal. Por ello es importante, trascendente, una reflexión al interior de quienes hacen justicia estatal: no es un error la interacción con la sociedad, delineando claramente los roles, los límites.

II

Ahora bien, dicho esto, cabe reflexionar un poco sobre el *sistema de justicia.* ¿Qué es lo que caracteriza a los sistemas? La permanente interrelación, el encadenamiento, el entrelazamiento entre un área con otra.

141

Si pensamos un momento, por grotesco que parezca el ejemplo, en un motor, éste necesita para que el vehículo circule, de un sistema eléctrico, de un sistema hidráulico, etc, y dentro de cada sistema hay una serie de elementos que interactúan y que hacen que funcione el sistema. En el campo de la administración de justicia hay un *sistema penal, un sistema civil*, etc., cada uno con sus propias particularidades. Si fallan los elementos del sistema, éste no funcionará o no funcionará de manera apropiada. Luego, el tratamiento y la solución de los problemas de la justicia es ideal que se den sobre la base de un análisis que no pierda de vista que se trata de un *sistema*. Un sistema cuyo éxito depende, incluso, en parte, del buen trabajo de otros elementos o sistemas, como el caso de la policía judicial en el campo de la justicia penal.

Entonces, si hablamos de mejorar un sistema de justicia, estamos realmente hablando de palabras mayores. De ahí que lo ideal es que la reforma del sistema de justicia sea una reforma *integral, orgánica*, que atienda a todos los brazos o subsistemas de cada sistema. Esto es fundamental, pero simultáneamente es también importante ser muy prácticos en los enfoques y en los planteamientos de soluciones. Así, en materia penal es básico que se planteen proyecciones reales en cuanto hasta dónde queremos llegar en un periodo determinado, particularmente ahora que entrará a regir el sistema acusatorio, pues para la consecución de esas proyecciones se necesitarán recursos, para cuya obtención es fundamental un grado de agresividad.

En el campo penal no debe olvidarse que hay aspectos complementarios fundamentales a la administración de justicia propiamente dicha. En efecto, cuando se sentencia condenatoriamente a una persona se abre de par en par el problema de la pena, del sistema carcelario, de la rehabilitación del condenado, etc. Si queremos una solución integral no deben descuidarse los aspectos derivativos de la pena.

Cabe anotar que en el Ecuador está establecido constitucionalmente la posibilidad de aplicar penas alternativas a la prisión. El enfoque sistémico de la problemática de la justicia penal no debe descuidar, pues, los aspectos derivados de la ejecución de la pena.

III

Ahora bien, hemos hablado de la reforma judicial focalizando soluciones a sistemas particulares, y en este sentido nos hemos referido al sistema penal. Pero a ello hay que agregar otro elemento fundamental: es imprescindible que los esfuerzos que han existido y los actuales se conjuguen a nivel de organizaciones no gubernamentales, de organismos internacionales con los esfuerzos de la función judicial. Yo veo en este evento algunos importantes consultores que trabajan en el tema justicia y que han trabajado en PROJUSTICIA. Sería realmente ideal que se dé una articulación entre la administración de justicia estatal y el trabajo de los consultores, de los equipos de trabajo que laboran en el tema de acceso a la justicia. Hay que aprovechar la experiencia de parte y parte.

Pero hay más: las soluciones sistémicas, por especialidades o no, necesitan de un nivel importante de recursos para llevarse a ejecución. Si se consiguen esos recursos, es fundamental, esencial, contar con una apropiada capacidad de gestión de los mismos. Si en el Ecuador de hoy conseguimos, por ejemplo, cien millones de dólares para la reforma del sistema de justicia penal, nos vamos a encontrar llenos de recursos, pero simultáneamente con un problema de *gestión* de esos recursos.

Vale decir entonces, que cuando se procuran recursos no sólo debe preocuparnos los aspectos estrictamente técnicos: los diseños, las etapas de ejecución, el destino de los recursos. Es necesario enfocar también cómo se ejecutarán los recursos de asistencia internacional. Y es aquí donde entra el tema de la gestión, de la capacidad de gestión. Ésta es un área que es prioritario fortalecer en el Ecuador, de tal manera que cuando se consigan los financiamientos haya la posibilidad de una ejecución dinámica y efectiva.

La falta de dinamia en la gestión de los recursos y en la gerencia misma de los proyectos es una razón básica por la cual

143

la cooperación internacional procura que se creen unidades especializadas de ejecución. PROJUSTICIA es un ejemplo de ello.

Si nosotros hacemos un análisis de la función judicial, en lo no jurídico, encontraremos problemas de gestión de los recursos financieros: por regla general los distritos no ejecutan integralmente el presupuesto proyectado. Luego, el problema no es entonces sólo de carencia de recursos sinó también de capacidad de gestión de los mismos. Esta realidad debe enfrentarse y solucionarse. A lo anterior hay que agregar que las leyes públicas en el Ecuador constituyen en múltiples casos una dificultad para la dinamia de los procesos administrativos: todos sabemos lo que dura una licitación pública. Pensemos en el caso de una licitación para adquirir computadoras: es posible que en tres meses los equipos ya no sean lo último en tecnología, y que por consiguiente si la respectiva institución concibió adquirir lo último en tecnología, su propósito habrá fracasado.

Termino con las siguientes reflexiones:

1. Es importante, fundamental, articular los esfuerzos pasados, presentes y futuros en el tema de la modernización del sistema de justicia, de ampliar el acceso efectivo a la justicia, en función de racionalizar la utilización de los recursos.

2. El tema de la justicia, si nos ponemos a revisar las agendas para el desarrollo que se han elaborado en el Ecuador, no ha sido considerado prioritario. La última revista de la Corporación Excelencia para la Justicia se titula "Justicia y Competitividad", precisamente porque la justicia incide en mucho: en la inversión, en la tranquilidad ciudadana, etc.

3. En la búsqueda de recursos de cooperación internacional, reembolsables y no reembolsables, para la modernización del sistema de justicia y para mejorar el acceso efectivo a la justicia, debe plantearse la problemática y su solución como un asunto que interesa, que *es prioritario para el Estado en su conjunto, para la sociedad toda*, y no únicamente para una función del estado: la judicial, o para un sector de la sociedad. Sobre la base de una apropiada articulación podríamos en el Ecuador lle-

144

gar a gestionar recursos sobre la base de una unidad de criterios. Hay que tomar en cuenta que los abogados suelen llegar a posiciones importantes en el quehacer público: el Presidente de la República es abogado, el del H. Congreso Nacional también tiene la misma profesión. Y eso podría facilitar el trabajo.

La modernización del sistema de justicia y la facilitación del acceso efectivo a la justicia deben estar en la agenda para el desarrollo del Ecuador, y también en la agenda de la Cancillería. El Ministerio de Relaciones Exteriores bien pudiera incorporar a su cultura la búsqueda de recursos para tales propósitos. Talvez podemos llegar a un esquema en el que las diversas representaciones del Ecuador en los diversos países logren una articulación permanente con diversas embajadas extranjeras para ubicar dónde hay posibilidades efectivas de financiamiento.

Usualmente la información sobre las posibilidades de financiamiento para temas de justicia no la posee la función judicial. La poseen las organizaciones no gubernamentales. Esto porque la función judicial está centrada en su rol de administrar justicia, de dar a cada cual lo que le corresponde. La faceta gerencial en el mundo judicial es completamente nueva en el Ecuador y opera a través del Consejo Nacional de la Judicatura.

También es importante referir que cuando se busca financiamiento es ventajoso tener una carta de presentación, y al respecto debo decirles que en la evaluación de lo ejecutado en reforma judicial, que ha estado esencialmente a cargo de PROJUSTICIA, el resultado es positivo.

4. La reforma judicial genera muchísimas expectativas en los jueces, en la ciudadanía, en el campo judicial en su conjunto. Pero la evaluación apropiada, técnica y justa de lo ejecutado no debe sustentarse en esas expectativas, sinó en el examen objetivo, en primer término, del diseño planteado, en definitiva cómo se concibió la reforma judicial en el Ecuador, y luego sobre su ejecución, teniendo en cuenta también cómo se planteó que opere la misma. Sólo así seremos justos en la evaluación y en los resultados de la reforma.

ello, a partir de 1995, se diseñaron unas estrategias, entre las cuales se destaca el **Plan Nacional de Capacitación de la Fiscalía General de la Nación**, que produjo importantes resultados, pero no logró eliminar los problemas de fondo, los cuales pueden ser resumidos así:

• Ausencia de un proceso de transición gradual entre el sistema de tendencia inquisitivo predominante, al nuevo de corte acusatorio.

• Falta de previsión sobre la congestión recurrente del sistema de justicia criminal.

• Inefectividad en la tarea de persecución de las contravenciones por parte de la Policía.

• Precipitud en la elaboración de las pautas procesales y de la estructura orgánica de la Fiscalía General.

• Resistencia de los funcionarios judiciales motivada por la inexistencia de un nuevo paradigma, acorde con las exigencias de la Constitución.

• Retraso en la puesta en marcha de una defensoría pública que permita asegurar el derecho de defensa técnica con cobertura nacional.

• Continuos roces motivados por conflictos de competencia y diversos puntos de vista en la gestión administrativa de la Rama Judicial.

• Contratiempos en el proceso de selección de los jueces y fiscales debido a la inexistencia de criterios confiables y objetivos.

• Ausencia de estabilidad en los funcionarios de la Fiscalía General, observable por la falta de una carrera judicial.

• Debilidades en la infraestructura logística tanto de los despachos judiciales como de la Fiscalía General, lo cual se agudizó con la entrada en funcionamiento de las nuevas instituciones y con la ampliación de la planta de personal.

Posibilidades

Gracias a esto se produjo un debate interesante con respecto a la implementación del sistema acusatorio en nuestro país, lo que trajo, entre otros puntos, la aparente dificultad de conseguir el apoyo económico para realizar los cambios necesarios, debido a la necesidad que estos originan en cuanto a la capacitación y a la creación de la infraestructura.

En cuanto a la infraestructura, uno de los mayores problemas que existen en relación con la fiscalía es que presenta un fenómeno de "gigantismo", es decir que el aparato es inmenso en cuanto al número de funcionarios, pero ello no es proporcional al respecto de las garantías constitucionales ni a la eficiencia.

Para combatirlo, esta institución debe reestructurarse funcionalmente con el fin de mejorar la relación entre fiscales e investigadores. En Colombia existen 3,644 fiscales, 1,914 investigadores y 359 técnicos criminalísticos, de manera que la relación es de 0.6 a 1, a diferencia de la situación en Ecuador, que es muy positiva, pues se ha informado que la relación es de 1 a 6.

Por otra parte, como ya fue mencionado, en la fiscalía colombiana no hay carrera judicial, de manera que se ha convertido en un ente burocratizado, a diferencia de lo que sucede en Ecuador, donde la situación es manejable.

Para hacer frente a este crecimiento y al poder que la institución detenta, se ha sugerido repensar el sistema de defensoría pública, ya sea descentralizándolo o incluso privatizándolo — como ocurre en el modelo chileno — lo cual se lograría en nuestro país, aprovechando los recursos humanos del Ministerio Público, que es una institución de control que no tiene sentido en un verdadero sistema de corte acusatorio. Esos recursos existentes se pueden potenciar en beneficio del rol protagónico de la judicatura en un proceso penal en que reine la oralidad.

Frustraciones

Debido a que el sistema creado demostró ser incapaz de proporcionar una solución adecuada a los problemas de la administración de justicia en el campo penal, quien actualmente es el Fiscal General de la Nación, al iniciar su mandato, anunció la reforma al sistema penal. En efecto, el 6 de agosto de 1998 presentó los proyectos de Código Penal, Código de Procedimiento Penal y Código Penitenciario y Carcelario.

Si bien estos proyectos representaron una magnífica oportunidad, la reforma fue muy tímida en lo que al proceso penal se refiere, en la medida en que no se introdujeron los cambios deseados y sí se mantienen — pues ya se ha convertido el proyecto de Código de Procedimiento Penal en Ley de la Nación — los errores del pasado que tanto sacrificio implican en materias de garantías.

Por ello, cuando la Corporación Excelencia en la Justicia descubrió la inconsistencia de la propuesta de la Fiscalía General de la Nación con respecto a lo que la realidad clama, decidió darle el debate que el Congreso no permitió, integrando a la sociedad civil y a la academia.

En ese sentido, el rol de este organismo fue el de propiciar foros, hacer publicaciones, invitar a conversatorios, a ruedas de prensa, enviar cartas abiertas a las entidades responsables de la aprobación del proyecto de ley, etc.

Debido a la frustración experimentada con la irregular aprobación del Código de Procedimiento Penal que regirá desde el próximo 24 de julio, en realidad la única realización con que honestamente se cuenta es que la sociedad civil ha demostrado ser una institución de gran apoyo en procesos semejantes, en la medida en que es la encargada de generar conciencia respecto de la necesidad del cambio en una sociedad conformista, de hacer propias las iniciativas de los ciudadanos y fomentar su surgimiento, y, lo más importante, de crear un verdadero cambio de mentalidad.

Experiencia de la región

Esta afirmación se sustenta no sólo en la propia experiencia, sino en la de otros países. Así, en Chile, con **Paz Ciuda-**

dana§§, en Ecuador con la **Corporación Latinoamericana para el Desarrollo***** y PROJUSTICIA†††, en Venezuela con la **Alianza Social por la Justicia‡‡‡**.

---

§§ "La experiencia de Paz Ciudadana muestra la manera como un esfuerzo ciudadano con vocación técnica trabaja conjuntamente con los medios de comunicación, formando opinión pública y promoviendo reformas en el sistema de justicia chileno. Esta fundación es además un ejemplo de cómo se puede vencer el obstáculo de la desconfianza existente entre la rama judicial, el sector privado y la sociedad civil. La dimensión pedagógica de su trabajo es otra lección del trabajo de esta entidad." Comentarios de Rafael Santos, coordinador de la mesa redonda sobre sociedad civil y justicia, Bogotá, 31 de julio de 1998, relacionados por Marcela Cárdenas en el artículo "Sociedad civil y justicia: algunas experiencias", en Reforma Judicial en América Latina — Una tarea inconclusa. Bogotá D.C.: Corporación Excelencia en la Justicia, 1999. Página 365.

***** "En el caso de la Corporación Latinoamericana para el Desarrollo, se destaca el trabajo simultáneo en la definición del alcance y en la ambientación de las reformas a la justicia, sobre todo aprovechando la capacidad propositiva de la sociedad civil organizada para presentar esas reformas a las instituciones debidas, acompañarlas y llevarlas a buen éxito. De esta experiencia también se rescata un esquema de llamar a cuentas a la rama judicial por su gestión, acompañado de una veeduría ciudadana organizada. El tema de la reforma cultural de la sociedad frente a estos temas se vuelve prioritario en la medida en que eso permite ambientar todo lo demás. Adicionalmente, CLD hace énfasis en la necesidad de asegurar la sostenibilidad en el tiempo de estos esfuerzos, dándoles proyección en el mediano y largo plazo." Comentarios de Rafael Santos, coordinador de la mesa redonda sobre sociedad civil y justicia, Bogotá, 31 de julio de 1998, relacionados por Marcela Cárdenas en el artículo "Sociedad civil y justicia: algunas experiencias", en Reforma Judicial en América Latina — Una tarea inconclusa. Bogotá D.C.: Corporación Excelencia en la Justicia, 1999. Página 367.

††† "PROJUSTICIA es una organización creada por el gobierno ecuatoriano para que promueva el diálogo y coordine el trabajo del ejecutivo, el Congreso, la sociedad civil y el sector justicia. Aunque tiene representación legal propia, PROJUSTICIA está adscrita a la Presidencia de la Corte Suprema de Justicia." Comentarios de Rafael Santos, coordinador de la mesa redonda sobre sociedad civil y justicia, Bogotá, 31 de julio de 1998, relacionados por Marcela Cárdenas en el artículo "Sociedad civil y justicia: algunas experiencias", en Reforma Judicial en América Latina — Una tarea inconclusa. Bogotá D.C.: Corporación Excelencia en la Justicia, 1999. Página 369.

‡‡‡ "La experiencia de la Alianza Social por la Justicia subraya el progreso obtenido en el despertar de la sociedad civil en Venezuela y la consolidación de un espacio de coordinación, una alianza temática en relación con la reforma del sector justicia, donde la sociedad civil tiene un importante nivel de interlocu-

Lecciones

Como se ha visto, la sociedad civil es el motor del cambio, y en el caso colombiano se ha visto la trascendencia de su trabajo. Así, la tarea de la sociedad civil es de enorme importancia, pues, como sucedió en el caso colombiano, cuyo liderazgo ha mantenido la Corporación Excelencia en la Justicia, se ha encargado de sensibilizar a la comunidad jurídica con respecto a las bondades de un nuevo sistema, especialmente frente al poder del sistema inquisitivo, que genera resistencia al cambio. Además, hace importantes aportes en cuanto al componente de capacitación que acarrea todo cambio, ya sea en cuanto a los funcionarios, como con respecto a los profesionales dedicados al litigio, como en relación con los estudiantes de Derecho, generando entonces redes de información y grupos de trabajo, así como la posibilidad de recursos provenientes de cooperación internacional para esos fines. En conclusión, es la sociedad civil la encargada de darle el primer gran impulso a la reforma, tal como sucedió en Ecuador y como deseamos que suceda en Colombia, pues desafortunadamente no hemos logrado superar la fase inicial, que consiste en la orientación del cambio.

Futuro próximo

Se ha publicitado a nivel nacional e internacional el llamado "Plan Colombia", en especial en lo relativo a su componente militar, pero se ha dejado de lado la promulgación de un aspecto crucial en el tema que nos ocupa, este es: el apoyo al fortalecimiento de las instituciones, particularmente con respecto al proceso penal y al respeto de los Derechos Humanos y del Derecho Internacional Humanitario. En cuanto al proceso penal, se resalta una gran oportunidad para generar un verdadero cambio, y se trata de la necesidad de hacer una transición gradual al sistema acusatorio, en los siguientes términos:

---

ción con el sector justicia...." Comentarios de Rafael Santos, coordinador de la mesa redonda sobre sociedad civil y justicia, Bogotá, 31 de julio de 1998, relacionados por Marcela Cárdenas en el artículo "Sociedad civil y justicia: algunas experiencias", en Reforma Judicial en América Latina — Una tarea inconclusa. Bogotá D.C.: Corporación Excelencia en la Justicia, 1999. Página 376.

"Colombia se ha comprometido a respetar el estado de derecho y seguirá fortaleciendo todos los aspectos de su sistema judicial. Esto incluye el apoyo para la transición continua a un sistema acusatorio (incluidos los procesos verbales e investigaciones eficaces) y a una mayor agilidad de proceso en todo el sistema judicial, con el fin de asegurar que habrá acceso universal a la justicia sin importar la ubicación geográfica o nivel de ingresos. El gobierno liderará los esfuerzos para hacer que el sistema judicial sea más justo y eficaz, más transparente y más accesible.

"Con este fin, el gobierno buscará disminuir la impunidad mediante mejoras en el sistema de fiscalías, investigaciones más efectivas y procesos más ágiles. Proporcionará una coordinación efectiva para la rama judicial, incluida la comunicación abierta y orientación efectiva de políticas entre las diferentes ramas y dependencias del Estado responsables para la reforma judicial y su administración; aumentará la capacitación de funcionarios judiciales, incluidos los jueces, defensores y fiscales con el fin de garantizar que sus decisiones sean transparentes para el público, y que el resultado sea justo en todos los casos, incluidos los casos militares en jurisdicciones civiles; implementará un plan de estudios nuclear para el cuerpo técnico de investigación en una academia única para su capacitación; y garantizará el acceso del público a la justicia y a una justa defensa en todo el país"[§§§].

A pesar de que el texto en inglés es un poco más claro, indica el mismo compromiso del gobierno colombiano en torno a la implementación gradual del sistema acusatorio. Sin embargo, esto no parece haber sido comprendido en toda su dimensión, pues no sólo no se ha hecho nada por cumplir con esto, sino que el gobierno se ha permitido dar pasos en contra de lo aceptado al

---

[§§§] Plan Colombia.

152

haber sancionado el Código de Procedimiento Penal que entrará a regir en el 2000, que no permite avanzar hacia esa tendencia universal, dejando al proceso penal colombiano en un rezago respecto de las naciones vecinas.

Coordinación de esfuerzos

Al iniciar un proceso de reforma no puede quedar este supeditado a los conflictos coyunturales, pues sólo atentaría contra la prosperidad del mismo. Por ello, es necesario evitar los roces en la cooperación, con el fin de que no existan vacíos en la adaptación integral de la reforma. Por ejemplo en el caso ecuatoriano, en el plano legislativo la situación es óptima –envidiable para nosotros. Lo mismo podría decirse con respecto del Ministerio Público, pero parece un poco débil en cuanto a la capacitación que todo proceso de reforma requiere, a la infraestructura, y a la defensoría.

Es recomendable tener en cuenta estas observaciones al emprender la tarea de localizar la ayuda internacional. Así, como lo dijo el ex Ministro de Justicia y del Derecho colombiano, Fernando Carrillo, asesor del Banco Interamericano de Desarrollo: "... se requiere estrechar la coordinación entre las diversas agencias bilaterales y multilaterales de financiamiento para evitar duplicaciones, contradicciones y derroche de recursos que en muchos casos llevan a la fragmentación de los proyectos"****.

Expectativas de apoyo internacional para las reformas

En realidad es difícil concebir, como ha quedado dicho, un verdadero cambio legislativo sin la consecuente tarea de capacitación y reestructuración. Para hacer esto efectivo es indispensable acudir a la cooperación de organismos nacionales o

---

**** Para mayor información, véase su artículo: *Los retos de la reforma de la justicia en América Latina*, en "Reforma Judicial en América Latina – Una tarea inconclusa". Bogotá D.C.: Corporación Excelencia en la Justicia, 1999. Páginas 34 a 60.

internacionales para sufragar los elevados costos de esta.

En ese sentido, consideramos importante recordar lo que Ibrahim F. I. Shihata[tttt] dijo al respecto:

> *"...un programa adecuado de reforma jurídica no puede limitarse a un examen de las normas existentes con miras a introducir los cambios más propicios según las circunstancias de la sociedad en cuestión. Debe incluir también las reformas legislativas, administrativas y judiciales que sean necesarias para asegurar que las normas se cambiarán para atender al interés público y se aplicarán en forma correcta y justa para que puedan seguir sirviendo este propósito; además se complementarán con la reglamentación y las interpretaciones necesarias que faciliten su aplicación, y estarán sujetas a revisiones futuras para asegurar su continua pertinencia y utilidad."*

> *"...el Banco ha otorgado financiamiento para cubrir los costos del fortalecimiento general del Poder Judicial, lo cual incluye el mejoramiento de las instalaciones institucionales, como los edificios de los tribunales, la adquisición de equipo y el mejoramiento de las bibliotecas."*

> *"...Al igual que otros casos de financiamiento de asistencia técnica y programas de reforma, no se aconseja a los prestatarios que se embarquen en la obtención de préstamos para dichos fines a menos que estén seriamente comprometidos a seguir con la implantación de los programas de reforma... Cabe señalar también que las reformas institucionales exigen en su mayor parte el financiamiento de costos locales que también pueden ser de tipo ordinario. Las organizaciones externas de financiamiento del desarrollo tienen, por lo gene-*

[tttt] Ex vicepresidente y Asesor Jurídico del Banco Mundial. En *La reforma judicial en los países en desarrollo y el papel del Banco Mundial*; en "Justicia y desarrollo en América Latina y el Caribe". Banco Interamericano de Desarrollo, 1993. Página 309.

ral, ciertas limitaciones en cuanto al financiamiento de dichos costos. En especial los costos ordinarios no pueden ser financiados a perpetuidad con recursos externos. Por consiguiente, no debería considerarse que la disponibilidad del Banco a participar en el financiamiento de programas de reforma judicial, ya sea directamente o mediante fondos de contrapartida local generados en el marco de préstamos de ajuste, es una característica normal o permanente de sus operaciones. Más bien, constituye una medida complementaria que debe considerarse para los países que se muestran dispuestos a llevar adelante dichas reformas y carecen de los recursos propios para hacerlo."

Para finalizar, deseo reiterar la importancia del papel de la sociedad civil en Colombia y para el efecto deseo compartir con ustedes las palabras del Director de la **Corporación Excelencia en la Justicia** con motivo del proceso de reforma al procedimiento penal colombiano, que reflejan nuestra satisfacción con el rol desempeñado, a pesar de no haber logrado el resultado esperado:

"Por tratarse de la reforma a la justicia más importante de fin de siglo, la Corporación Excelencia en la Justicia considera que los Códigos propuestos deben ser discutidos sin apresuramientos en el Congreso, consultando ampliamente a ciudadanos y funcionarios del Estado que no participaron en su diseño pero que ciertamente pueden aportar para que Colombia pueda finalmente adoptar un sistema acorde con las tendencias del derecho penal contemporáneo.

"Por ello la Corporación decidió organizar a comienzos de este año consultas y presentaciones en varias ciudades del país para saber qué piensan jueces, fiscales, defensores públicos, congresistas, abogados, sectores académicos, organizaciones no gubernamentales y usuarios de la justicia sobre los proyectos de la fiscalía....

"A lo largo de este proceso la Corporación ha tenido el privilegio de ser destinataria de escritos y recomendaciones enviadas por organizaciones no gubernamentales, colegios de jueces y fiscales, indígenas, reclusos y numerosos operadores de la justicia. Hemos convocado y recibido el apoyo de funcionarios del Ministerio de Justicia, así como la asesoría técnica permanente de un grupo de reconocidos penalistas representativos de diferentes tendencias y de universidades... Gracias a este apoyo y al de funcionarios del Ministerio fue también posible elaborar materiales para enriquecer el examen crítico de la reforma en curso."[‡‡‡‡]

[‡‡‡‡] Alfredo Fuentes Hernández, *Garantismo, eficiencia y reforma procesal penal en Colombia.* Bogotá D.C.: Corporación Excelencia en la Justicia, 1999. Página xii.

Clausura del Evento

Douglass Cassel⁺ y Farith Simon⁺⁺

Quisiéramos agradecerles a todos los presentes por su participación tan positiva en este esfuerzo de análisis de información y de compartir ideas.

Hemos intentado a lo largo del seminario escuchar de manera muy cuidadosa a las ponencias y a las distintas intervenciones, tanto para los elementos muy detallados para nuestro propio conocimiento, como también para poder sacar algunas conclusiones generales que parecen ser o reflejar un consenso mayoritario de las distintas ponencias. Siempre un ejercicio de esta naturaleza es un poco difícil porque cuando se reúnen en una sola comisión dos abogados seguramente vamos a tener tres versiones de las recomendaciones y aquí parece que tenemos una cantidad de abogados, pero lo que les vamos a rogar a todos es que reflejen un poco sobre la posibilidad del consenso para que lo muy valioso del contenido de esos debates de ayer y hoy puedan comunicarse en forma pública que podría ser útil para las distintas instituciones y el público aquí en el Ecuador, que por la naturaleza de la cosa tienen que ser los que dan la implementación, y no los seminaristas.

Una cosa adicional que habría que señalar es que habrá una memoria general del evento en que van a estar en extenso las ponencias y que reflejará las discusiones que se han hecho aquí. Esto es un intento de tener un documento que nos permita salir a todos con algo en común.

⁺ Presidente Ejecutivo de la Fundación para el Debido Proceso Legal y Vice Presidente del Consejo Directivo del Centro de Estudios de Justicia de las Américas.

⁺⁺ Director del Fondo "Justicia y Sociedad," Fundación Esquel.

157

Clausura por parte de Douglass Cassel

Quisiera otra vez más por parte de todos los co-patrocinadores de este evento, es decir, la Fundación para el Debido Proceso Legal y el Centro de Estudios de Justicia de las Américas, agradecer a la Universidad San Francisco, a la Fundación Esquel, y a la colaboración de la USAID en cuanto a algunos gastos de la publicación del acta de este seminario. Y más que todo a ustedes, porque puede haber patrocinamiento por una cantidad de instituciones, pero todo depende de la calidad y del compromiso de los participantes, y en este seminario yo creo que mis observaciones están congruentes con los demás que estamos aquí visitando este país tan bello, que las ponencias han sido de tan alta calidad, y las intervenciones y las preguntas han sido muy bien informadas y han llevado a que el resultado de este seminario, no solamente estas hojitas que acabamos de sacar, sino el libro que pensamos preparar con todas las ponencias y con un resumen de los debates, también puedan aportar al proceso de cambio y de optimización en el futuro del Ecuador.

Entonces yo por mi parte y hablando por parte de las instituciones en que estoy participando puedo observar que estoy muy contento con lo valioso y lo útil y lo muy concreto y no solamente teórico que ha sido este debate. Esperamos por nuestro lado poder seguir en procesos de colaboración, intercambio de información y criterios con las patrocinadores, las instituciones del Ecuador y con todos y cada uno de ustedes.

Conclusiones del Seminario sobre Implementación del Nuevo Código de Procedimiento Penal

1. Los participantes coinciden en que el nuevo Código de Procedimiento Penal responde a la urgente necesidad de mejorar los servicios de justicia. Estiman que es además un instrumento que permitirá mejorar los niveles de seguridad ciudadana en un clima de respeto a las garantías del debido proceso establecidas en la Constitución.

2. Se considera necesaria la reforma a la legislación penal sustantiva, como un medio para completar el proceso de cambio.

3. La implementación efectiva de la reforma permitirá que la ciudadanía recupere la confianza en la justicia al mejorar la calidad de ésta con la aplicación del sistema acusatorio y el procedimiento oral público.

4. La reforma a la administración de justicia penal que el nuevo Código trae consigo supone cambios profundos en la organización y en las funciones de las instituciones directamente vinculadas con el proceso: jueces y tribunales penales, Ministerio Público, policía judicial, defensoría pública. Pese a las acciones que algunas instituciones están haciendo para responder a esta necesidad de cambio, los participantes consideran que estos esfuerzos requieren de coordinación y de profundización.

5. La dimensión de la reforma y la circunstancia de que esté directamente vinculada con la vigencia del debido proceso y el respeto a las garantías fundamentales, elementos centrales del estado democrático de derecho, requieren que la implementación del nuevo Código sea una decisión nacional expresada e impulsada al más alto nivel.

6. La experiencia de otros países de la región ha mostrado la conveniencia de que para promover los trabajos relacionados con la implementación del Código, se conformen comisiones que operen en los ámbitos de decisión política, coordinación interinstitucional y ejecución técnica. En estas comisiones convendría que participen la Presidencia de la República, la Corte Suprema de Justicia, el Consejo Nacional de la Judicatura, el Ministerio Público, la policía judicial, las facultades de derecho, los colegios de abogados y las organizaciones de la sociedad civil que trabajen en el sector justicia, en sus respectivas competencias.

7. Estas comisiones deberían diseñar, en primer lugar, un plan nacional de implementación que prevea:

    • Las necesidades de capacitación;
    • Las reformas institucionales;
    • Las necesidades de infraestructura y de equipamiento;
    • Los recursos para financiar todas estas actividades.

8. Durante el seminario se advirtió la importancia y el carácter prioritario de algunos temas: la capacitación práctica de todos los operadores del sistema, la creación de un sistema de defensoría pública y de servicios de atención a las víctimas; el mejoramiento de la capacidad operativa del Ministerio Público y de la policía judicial y la dotación de las instalaciones adecuadas a los juzgados y tribunales penales.

9. Los participantes consideran que la colaboración y el apoyo de la cooperación internacional permitiría que este proceso se desenvuelva de manera más eficaz, gracias a la posibilidad de aprovechar las experiencias acumuladas en procesos semejantes.

Programa de la Conferencia

El seminario se llevó a cabo los días 2 y 3 de octubre de 2000, en las instalaciones de la Universidad San Francisco de Quito, auspiciado por la Fundación para el Debido Proceso Legal (DPLF), la Universidad San Francisco de Quito, la Fundación Esquel, la USAID/Ecuador, y el Centro de Estudios de Justicia de las Américas (CEJA).

lunes, 2 de octubre

9:00 a.m   *Bienvenida por parte de representantes de las distintas instituciones auspiciantes del evento:*

Santiago Gangotena
Canciller de la Universidad San Francisco de Quito

Fabián Corral
Decano de la Facultad de Jurisprudencia de la Universidad San Francisco de Quito

Reinaldo Figueredo
Presidente del Consejo Directivo, Fundación para el Debido Proceso Legal

Hilda Arrellano
Directora, Agencia de los Estados Unidos para el Desarrollo Internacional en Ecuador

9:30 a.m.   **El Nuevo Código: la transición del sistema inquisitivo al sistema acusatorio — implicaciones y retos**

**Las Estrategias de Reforma Judicial en
América Latina**
Juan Enrique Vargas
*Director Ejecutivo del Centro de Estudios de
Justicia de las Américas*

**Las Nuevas Relaciones Institucionales en el
Nuevo Código**
Alberto Wray
*Profesor de la Facultad de Jurisprudencia de la
Universidad San Francisco de Quito*

**La Necesaria Independencia de la Policía
Judicial**
Ricardo Vaca
*Presidente de la Comisión de Recursos
Humanos del Consejo Nacional de la Judicatura*

**El Reto de Trasladar la Carga Probatoria a la
Etapa del Juicio**
Walter Guerrero
Ex Presidente de la Corte Suprema de Justicia

11:30 a.m.   **Implicaciones y Retos para los Jueces**

**Implicaciones y Retos para los Jueces en
Ecuador**
Arturo Donoso
*Presidente de la Segunda Sala de la Corte
Suprema*

La Experiencia de los Jueces en El Salvador
Edward Sidney Blanco
*Juez de Instrucción Penal en San Salvador, El
Salvador*

1:00 p.m.   **Almuerzo**

2:30 p.m. **El Ministerio Público, la Policía, y su Transformación**

El Ministerio Publico y su Transformación
John Birkett
Ex Fiscal del Guayas

Rol de la Policía Judicial en el Nuevo Código de Procedimiento Penal
Renato Cevallos Núñez
Jefe, Departamento de Planificación y Coordinación, Dirección Nacional de la Policía Judicial

El Ministerio Publico y su Transformación: la Experiencia en Bolivia
Alberto Morales
Coordinador General del Equipo Técnico de Implementación en Bolivia

6:00 p.m. **Sesión pública: Las Reformas Procesales en Ecuador en el Contexto Regional**

Las Reformas en Ecuador
Alberto Wray
Profesor de la Facultad de Jurisprudencia de la Universidad San Francisco de Quito

La Historia de la Reforma del Código Procesal Penal en Ecuador
Valeria Merino
Corporación Latinoamericana para el Desarrollo

Enfrentando los Obstáculos a las Reformas: Una Perspectiva Regional
Juan Enrique Vargas
Director Ejecutivo del Centro de Estudios de Justicia de las Américas

El Plan de Implementación del Nuevo Código Procesal Penal en Bolivia
Alberto Morales Vargas
Coordinador General del Equipo Técnico de Implementación en Bolivia

martes, 3 de octubre

9:00 a.m.   **El Sistema de Defensa Pública y la Representación de la Víctima en el Nuevo Sistema**

El Centro de Atención a Víctimas – la Experiencia de Panamá
María Gabriela Fernández Pacheco
Consultora Internacional en San José, Costa Rica

Los Resultados del Estudio sobre los Servicios de Defensoría Legal Ofertados por la Sociedad Civil en el Ecuador
Natacha Reyes
Directora del Proyecto, CEPLAES

La Experiencia de la Defensa Pública en Centroamérica
Alvaro Ferrandino
Consultor y Ex - Director de la Oficina de Defensa pública, Costa Rica

11:00 a.m. Estrategias (Nacionales e Internacionales) para Buscar Apoyo para las Reformas

La Reforma Judicial: Esencial para las Otras Reformas
Boris Cornejo
Vice Presidente de la Fundación Esquel

La Necesidad de Lograr Consenso sobre los Cambios Acordados
Carlos Arrobo
Consultor del Departamento de Justicia de Estados Unidos

El Fortalecimiento de la Participación de la Sociedad Civil en el Acceso a la Justicia
Miguel Hernández Terán
Director Ejecutivo de PROJUSTICIA

12:30 p.m. Sesión final: Conclusiones

Farith Simón
Director del Fondo "Justicia y Sociedad," Fundación Esquel

Douglass Cassel
Presidente Ejecutivo de la Fundación para el Debido Proceso Legal y Vice Presidente del Consejo Directivo del Centro de Estudios de Justicia de las Américas

165

Plan Nacional de Implementación del Nuevo Código de Procedimiento Penal - Bolivia

I. Introducción

El nuevo Código de Procedimiento Penal (NCPP), publicado el 31 de mayo de 1999, introduce una auténtica reforma procesal penal. Entre otros aspectos redefine de forma clara las funciones de los sujetos procesales penales, sin que se reúnan en un sólo órgano las funciones de acusación, defensa y decisión, creándose adecuados sistemas de control, de manera tal que se resguarden y protejan los derechos y garantías de la víctima y del imputado, establecidos en la Constitución Política del Estado, tratados y convenciones internacionales.

El nuevo Código se fundamenta en los principios rectores del sistema acusatorio consignándose al instrumento de la oralidad como el medio que eficazmente facilita la realización de los principios de publicidad, inmediación, contradicción y continuidad. Introduce la participación ciudadana en el proceso penal a través del establecimiento de los jurados escabinos, en la perspectiva de consolidar una administración de justicia eficiente, oportuna y transparente que recupere la confianza de la población en el sistema de administración de justicia penal llamado a garantizar la paz social y seguridad jurídica.

El sistema procesal penal acusatorio concilia de forma equilibrada los intereses públicos de una eficiente persecución penal con el respeto de la dignidad, libertad y demás garantías de la persona humana. Tal es así que el régimen cautelar que establece, consagra la aplicación restrictiva y mínima necesaria de las medidas de coerción penal, definiéndolas con fines estrictamente procesales. De esta manera se garantiza el trato de inocente al que tiene derecho toda persona sobre la que no pesa sentencia condenatoria ejecutoriada.

Las salidas alternativas al juicio incorporan al sistema judicial institutos nuevos, que permiten mejorar la calidad de la administración de la justicia penal, al constituirse en una especie de filtros que seleccionan los casos que deben ser objeto de juicio penal. Por otra parte, revaloriza el papel de la víctima dentro del proceso penal al permitirle obtener una reparación pronta y oportuna del daño que ha sufrido a consecuencia del hecho delictivo; permitiendo además descongestionar el sistema y evitar la retardación de justicia.

El sistema de recursos o actos de impugnación es regulado de forma tal que es coherente con el objeto y fines del proceso oral.

Un análisis comparativo entre el sistema vigente y el nuevo destaca las fundamentales diferencias de concepción que los distancian diametralmente. La justicia penal dará un giro de 180 grados, lo que implica que los operadores del sistema, al ser redefinidas sus funciones en un escenario procesal diferente, con institutos jurídicos nuevos, deben ser destinatarios de un proceso de capacitación sostenida que les permita enfrentar los desafíos que la reforma procesal penal impone. La correcta aplicación de un nuevo sistema demanda no sólo la vigencia de una normativa procesal penal coherentemente fundamentada, sino también de un conjunto de condiciones de diversa índole necesarias e imprescindibles para que el NCPP sea una norma de aplicación real y no una mera declaración de postulados formales.

La generación de las condiciones previas a la aplicación del Código constituye el objetivo central de las acciones a desarrollarse durante el período de la *"vacatio legis"*. Los requerimientos y actividades se hallan identificados; sin embargo, la decisión de mayor responsabilidad se halla referida a la priorización de esas acciones. La oportunidad de su desarrollo es un factor que puede influir de forma determinante en el éxito o fracaso de la ejecución del Plan Nacional de Implementación.

Desde que se comenzó a redactar el Anteproyecto de Código de Procedimiento Penal en el Ministerio de Justicia y Derechos Humanos, se supo que no era posible aplicar la nueva ley procesal inmediatamente a su publicación, sino que era imprescindible suspender su aplicación por un período determinado en el que debían generarse las condiciones para su adecuada aplicación. A ese período se lo denomina *vacatio legis* y tiene una duración de dos años, computables desde la publicación del Código hasta la aplicación plena del instrumento procesal. Sin embargo, es preciso anotar que el instrumento será aplicado parcialmente al año de su publicación, en cuanto al régimen cautelar y salidas alternativas al juicio se refiere.

Ante este desafío el Ministerio de Justicia y Derechos Humanos a través de un Equipo Técnico multidisciplinario, quienes elaboraron el Plan Preliminar de Implementación el mismo que ha sido formulado con base participativa interinstitucional y es el resultado de estudios y análisis técnicos realizados en un año de trabajo permanente. Define actividades macro y tiempos de ejecución, de forma tal que responde a las expectativas y realidad nacional.

Si bien este documento es lo suficientemente claro en sus definiciones y orientación, es también susceptible de reorientación en caso de que el contexto para el que ha sido diseñado sufra alteraciones. Esa necesaria flexibilidad responde también a la capacidad de retroalimentación que pretende generar.

II. Objetivo General del Plan Preliminar

El Plan Preliminar de Implementación plantea el siguiente objetivo general:

El Plan Preliminar de Implementación propone políticas, estrategias y acciones emergentes de una planificación participativa de implementación, necesarias para facilitar y garantizar la correcta, eficiente, eficaz y uniforme aplicación del nuevo Código de Procedimiento Penal, a nivel de todas las instituciones operadoras de justicia penal.

III. Áreas de Trabajo

Las áreas de trabajo que han sido identificadas en este Plan Preliminar de Implementación son las siguientes:

A. Adecuación Normativa

Justificación

Las disposiciones establecidas en el NCPP demandan la readecuación de todas aquellas leyes y normas que se encuentren directa o indirectamente relacionadas con la implementación del mencionado Código, para facilitar el funcionamiento del sistema acusatorio y oral. A estas disposiciones se las ha denominado *normas complementarias*, las mismas que en su mayoría han sido ya identificadas en este Plan de Implementación.

Estas normas complementarias que deben ser adecuadas permitirán no sólo asumir de manera más eficaz y eficiente sus funciones a jueces, fiscales, defensores y policías, sino poner en funcionamiento todo el aparato de administración de justicia penal.

El Nuevo Código de Procedimiento Penal, al introducir el sistema procesal penal acusatorio y oral, establece una serie de cambios en las funciones de los diferentes actores del proceso. Así el juez será un genuino contralor del cumplimiento y respeto a las garantías y derechos constitucionales. El fiscal tendrá la responsabilidad de llevar adelante de manera activa la investigación de hechos delictivos denunciados y de sostener la acusación ante el órgano jurisdiccional. Los organismos policiales encargados de la investigación de delitos, que dependerán funcionalmente del Ministerio Público, se constituirán en órganos auxiliares altamente técnicos en el mencionado proceso de investigación.

Actualmente, las leyes rectoras de la organización del Poder Judicial, Ministerio Público, policía nacional y otras que se hallan relacionadas con el procedimiento penal, no responden a las exigencias de la reforma. Las funciones y atribuciones actuales de jueces, fiscales y policías, no se adecuan ni respaldan la aplicación del nuevo sistema procesal penal, por lo que será importante adecuar dichas normas a los nuevos requerimientos.

Se destaca como prioritaria la adecuación de la Ley Orgánica del Poder Judicial y Ley Orgánica del Ministerio Público, ya que en el primer caso se requiere de una nueva estructura para los juzgados penales y sobretodo regular la participación de los jueces ciudadanos dentro de los tribunales de justicia. En el segundo caso, porque existe un cambio radical en las funciones del Ministerio Público, el mismo que con la reforma adquiere un rol más protagónico y dinámico dentro del proceso penal, permitiéndole cumplir con sus fines constitucionales.

Sin embargo, vale la pena aclarar que el nuevo Código de Procedimiento Penal introduce artículos que permiten a los actores del proceso habilitarse de manera inmediata para cumplir sus funciones básicas dentro del nuevo procedimiento penal. Es decir, que el Código por sí solo podrá implementarse sin mucha dificultad, independientemente de la adecuación de las otras normas. Esto no excluye la necesidad de efectuar los correspondientes ajustes en normas y leyes para consolidar el nuevo sistema.

Por otra parte, se debe apuntar que una vez se adecuen las normas complementarias más complejas, su implementación requerirá de un proceso de planificación igual que el presente dirigido a que las reformas judiciales se introduzcan a la vida del Estado boliviano y de su población, de manera global y eficiente.

Bajo esta perspectiva, la adecuación normativa se constituye en un área de trabajo en el proceso de implementación que deberá ser asumida por la Comisión Nacional de Implementación (CNI) y por el Comité Ejecutivo de Implementación (CEI). Para ello, el CEI como encargado de la ejecución del trabajo de la implementación deberá designar en lo posible una Subcomisión o Unidad Técnica de Adecuación Normativa, la misma que deberá coordinar y supervisar el trabajo de reforma y ajuste de las leyes complementarias al nuevo sistema procesal penal.

Actualmente, se han iniciado ya algunos procesos de readecuación al interior del Ministerio de Justicia y Derechos Humanos en el que se viene elaborando el anteproyecto de la nueva Ley de Organización Judicial y donde sea ha trabajado interinstitucionalmente en el planteamiento de los Lineamientos Generales para la Reforma y Readecuación de la Ley del Ministerio Público. Sin embargo, quedan aún varias normas prioritarias pendientes de compatibilización con la reforma, trabajo que deberá ser impulsado a la brevedad posible.

B.   Adecuación Institucional

Justificación

Los requerimientos y estructura del nuevo sistema procesal penal acusatorio traen consigo la necesidad de readecuar las instituciones que operan en el sistema de administración de justicia penal, tales como el Ministerio Público, órganos jurisdiccionales penales, defensa pública y órganos dependientes de la policía nacional encargados de la investigación de hechos delictivos, en aspectos de orden organizacional, recursos humanos, infraestructura, sistemas de información y comunicación, procedimientos de trabajo, capacitación y presupuesto, entre otros.

Las estructuras organizacionales, principalmente de los órganos jurisdiccionales actualmente existentes, han sido diseñadas para un sistema procesal penal inquisitivo y escriturado, completamente distinto al sistema acusatorio y oral que se introduce en el nuevo Código de Procedimiento Penal. Por ello, atendiendo a la creación de los nuevos institutos, a la redefinición de roles, funciones y competencias de los actores del proceso, al nuevo diseño de tribunales de sentencia mixtos, juzgados de sentencia, juzgados de ejecución penal y secretarías; las instituciones operadoras de justicia deberán readecuarse organizacionalmente para garantizar su buen desempeño en el nuevo sistema.

Además el nuevo Código introduce el Instituto de Investigaciones Forenses dependiente de la Fiscalía General de la República; se crea la figura del juez de ejecución (antes juez de vigilancia) incrementándose sus responsabilidades y tareas; se establece la necesidad de determinar juzgados, salas de las cortes superiores y fiscales liquidadores; se crea el Registro Judicial de Antecedentes Penales y el Fondo de Indemnizaciones, ambos dependientes del Consejo de la Judicatura; se establece la necesidad de la creación de depósitos para la custodia de bienes y objetos incautados que puedan ser exhibidos como prueba durante el proceso, entre otros.

Propuestas Generales de Acción

Potenciamiento de los recursos humanos

Por otra parte, la elaboración de un Diagnóstico Preliminar se ha verificado que los cargos jurisdiccionales, sobre todo en lo que respecta a jueces y fiscales se hallan descompensados, no existen un equilibrio que obviamente repercute de manera negativa en las funciones de cada uno de ellos. Esta diferencia debe ser valorada y equilibrada a la brevedad posible, para facilitar el descongestionamiento de la carga de trabajo y evitar la retardación cuando se instituyan los juicios orales.

Capacitación en funciones administrativas a los operadores del sistema

Existe muy poco conocimiento y entrenamiento en los niveles de alta dirección en las entidades operadoras del sistema sobre técnicas modernas de gerenciamiento administrativo y de formulación de estrategias y políticas de gestión, mermando la eficiencia de las instituciones y por tanto de la propia administración de justicia.

En este sentido, para contribuir adecuadamente a incrementar las habilidades, elevar los conocimientos, generar cambios de actitud y comportamiento del personal jurisdiccional y administrativo de cada entidad operadora, es necesario complementar su formación para que puedan desempeñar adecuadamente sus nuevas funciones y roles establecidos en el NCPP.

El nuevo Código de Procedimiento Penal determina además una serie de cambios en los procedimientos de trabajo, formas de registro y manejo de documentación al instaurar el juicio oral y los nuevos roles de los actores del proceso, situación que demanda un cambio administrativo en los sistemas de registro, almacenamiento de datos y elaboración de los cuadernos de investigación, estos últimos sustituyen a los actuales expedientes.

Todas estas situaciones demandan realizar el correspondiente análisis de flujos de información y determinar estrategias y acciones que permitan optimizar los nuevos procedimientos a fin de incrementar la productividad y eficiencia de las instituciones operadoras.

Sistemas adecuados de flujo de información

Otro aspecto importante que debe ser tomado en cuenta es que en la gran mayoría de las entidades operadoras del sistema de administración de justicia, no se tienen desarrollados sistemas eficientes de comunicación e información; siendo el resultado la retardación a la atención de requerimientos y postergación de soluciones.

No existe comunicación fluida entre los niveles jerárquicos y operativos, hecho que disminuye la retroalimentación para el diseño de políticas y estrategias institucionales. Tampoco sistemas automatizados e integrados de seguimiento de causas, con excepción del Distrito de Santa Cruz, lo cual dificulta a los niveles ejecutivos controlar el desempeño de los operadores y la correcta tramitación de los procesos.

Tomando en cuenta este contexto, para la adecuada implementación del nuevo sistema de procedimiento penal, las entidades operadoras del sistema de administración de justicia requieren del diseño e incorporación, al interior de sus organizaciones, de sistemas de comunicación e información que les permita tener al día y en forma actualizada los datos sobre denuncias, actuaciones procesales, resoluciones judiciales, peticiones de las víctimas y litigantes y otros aspectos de orden jurisdiccional y administrativo.

Infraestructura

Dentro del área de adecuación institucional se ha contemplado también la infraestructura de cada uno de los operadores del sistema de administración de justicia penal. Los actuales juzgados penales han sido adaptados para operar dentro del sistema escriturizado, donde si bien se realizan determinadas audiencias, éstas no tienen la verdadera connotación de un juicio oral, público y contradictorio, simplemente se reducen a la lectura de actuados.

Los espacios físicos no responden a las exigencias del sistema acusatorio y oral, en el cual los juzgados dejan de ser unipersonales para convertirse en tribunales colegiados conformados por dos jueces técnicos y tres jueces ciudadanos. En este sentido, será necesario readecuar la infraestructura actual de los juzgados para acoger a cinco jueces, a las otras partes del proceso y al público, crear salas donde los jueces tanto técnicos como legos puedan deliberar en el momento de emitir su sentencia y antesalas independientes con acceso directo a la Sala de Audiencias para testigos y peritos, cuyo diseño evite todo tipo de contacto entre ellos y asegure su integridad física.

La redefinición de funciones y roles establecidas en el NCPP, para el Ministerio Público y la policía nacional y la creación del Instituto de Investigaciones Forenses, demandará también cambios en la infraestructura y dotación de equipamiento para sus instalaciones, ya que se requerirá incrementar el número de personal, adecuar espacios para el aseguramiento y acumulación de las pruebas, para el estudio científico – técnico requerido para la investigación de los delitos y otras diligencias necesarias para una eficiente investigación de los delitos.

Recursos presupuestarios

Todos estos cambios previstos en esta área de trabajo demandara una mayor asignación de recursos presupuestarios por parte del Estado a cada entidad operadora del sistema. Actualmente el presupuesto con el que cuentan es muy limitado, por ende su capacidad de inversión es mínima, lo cual dificulta un adecuado fortalecimiento institucional y repercute de manera negativa en los servicios que prestan.

Es esencial que la gestión presupuestaria de las entidades operadoras del sistema de administración de justicia, para la adecuada aplicación del NCPP, deba estar sustentada en su autonomía económico financiera y respaldada por las autoridades de gobierno correspondientes.

C. Aplicación Anticipada del Código de Procedimiento Penal

Justificación

La Disposición Transitoria Segunda del NCPP dispone la aplicación anticipada de los siguientes institutos:

- Recategorización de la acción penal (Arts. 19 y 20), de aplicación inmediata a la publicación del Código;
- redefinición del régimen de medidas cautelares (Titulo I, II y capítulo I y II del Título III del Libro V de la Primera Parte), con vigencia a partir del primer año de la publicación del Código;
- Aplicación de las salidas alternativas al juicio (Arts. 21, 22, 23, 24 y 25), con vigencia a partir del primer año de la publicación del Código; y,
- Redefinición del régimen de prescripción de la acción penal (Arts. 29, 30, 31, 32 y 33), con vigencia a partir del primer año de la publicación del Código.

La aplicación anticipada del NCPP se constituye en un área específica de trabajo de la implementación, no sólo porque el tiempo con el que se cuenta para crear las condiciones apropiadas para su implantación, sino también porque el éxito del proceso de reforma dependerá en gran medida del primer impacto que su aplicación genere tanto en operadores del sistema como en la sociedad en su conjunto.

175

La importancia de este tema demanda la necesidad de contar con estrategias adecuadas que faciliten la aplicación anticipada de los institutos antes mencionados, respetando la orientación que tienen todas ellas en el Código de Procedimiento Penal.

Recategorización de la acción penal

Mediante la recategorización de las acciones penales, se trasladan los delitos patrimoniales a la esfera de la acción privada, dando la posibilidad a las partes de solucionar el conflicto a través de la concertación, sin descuidar la justa reparación del daño. Igualmente, la introducción de la categoría de delitos de acción pública a instancia de parte, otorga a la víctima la posibilidad de decidir si la persecución penal es conveniente a sus intereses o por el contrario ésta le causaría una doble victimización o perjuicio.

Medidas cautelares

Una de las principales razones que han impulsado la reforma procesal penal en nuestro país es precisamente el uso arbitrario y discrecional que se ha hecho de las medidas cautelares en el procedimiento penal, donde el carácter de cautelar queda en la esfera de la doctrina. Esto sucede sobretodo en el caso de las medidas cautelares de carácter personal, como la detención preventiva, que ha llegado a constituirse en una verdadera pena anticipada que atenta contra los derechos humanos y viola las garantías constitucionales de los individuos, provocando además una sobrepoblación carcelaria en la que no existe ninguna diferencia entre personas condenadas y detenidas preventivamente. Lo que es aún peor, es que las medidas cautelares son utilizadas como el medio extorsivo por excelencia para conseguir el cumplimiento de obligaciones de carácter civil, cuando su aplicación debe ser la última ratio y sólo con fines estrictamente procesales.

En lo que se refiere a las medidas cautelares de carácter real, estas también son aplicadas de manera irrestricta y arbitraria, no existiendo proporcionalidad entre el valor del bien jurídicamente protegido y que ha sido lesionado por la comisión de un hecho delictivo y la medida cautelar impuesta.

Salidas alternativas

A pesar de que las salidas alternativas son figuras totalmente nuevas en nuestra legislación, la experiencia internacional ha demostrado que éstas son beneficiosas para el sistema y para la sociedad. No sólo con su aplicación se da una respuesta pronta y oportuna a la víctima, sino también se mejora indiscutiblemente la administración de la justicia penal, porque las salidas alternativas constituyen una especie de filtro para aquellas causas penales que no ameritan de un juicio para ser resueltas.

Según el nuevo Código la aplicación de una salida alternativa requiere necesariamente considerar las particularidades de los hechos, condicionándola a la aceptación de la víctima para que se le repare el daño, la voluntad del imputado de reparar el mismo y el valor del bien jurídicamente protegido.

Si bien la incorporación de estas instituciones en nuestro ordenamiento jurídico constituye un gran adelanto, su adecuada aplicación dependerá de una oportuna planificación que involucre distintas áreas de trabajo y demande el compromiso de todas las instituciones operadoras del sistema a fin de obtener los resultados esperados.

Prescripción de la acción

La decisión de anticipar el régimen de la prescripción de la acción, responde a criterios de descongestionamiento a partir del cumplimiento real y efectivo del instituto de la prescripción, el mismo que hasta hoy no dejó de ser un simple enunciado al posibilitarse que cualquier acto del procedimiento interrumpa su desarrollo, tornándose en un instrumento extorsivo y dilatorio.

Propuestas generales de acción

Capacitación

La capacitación constituye una de las tareas más importantes para la adecuada aplicación anticipada del Código de Procedimiento Penal. Es a través de ella que se conseguirá una aplicación uniforme en todo el territorio nacional, evitando que se distorsione en cada distrito judicial como ocurrió con el Código vigente, además de ser un importante instrumento generador de niveles de compromiso con la reforma por parte de los operadores del sistema.

Difusión

Si bien los directos beneficiarios de la aplicación anticipada del NCPP serán los litigantes, este es un tema de interés para la sociedad en general, ya que como se sabe todos los individuos somos litigantes potenciales, razón por la cual es importante informar a la población sobre la flexibilización del régimen cautelar, la introducción de las salidas alternativas al juicio, el nuevo enfoque de la prescripción y la recategorización de la acción penal.

Evaluación y seguimiento

Es necesario efectuar un seguimiento y evaluación rigurosos del proceso de aplicación anticipada del Código, en razón de que se deben cumplir con objetivos y metas de implementación en el corto plazo de un año a partir de la publicación del CPP. Para ello, se deberá asegurar que los cronogramas se vayan cumpliendo con eficiencia y efectividad a nivel de las instituciones operadoras.

D.   **Capacitación a Operadores del Sistema**

Justificación

Al introducir el NCPP una reforma estructural del sistema procesal penal, dentro del cuál los operadores de justicia no podrán desenvolverse solventemente sin una preparación teórico-técnica específica. Es necesario iniciar un proceso intensivo de capacitación para desarrollar al nivel de jueces, fiscales, defensores públicos, policías y abogados, un buen conocimiento y entendimiento de los fundamentos doctrinales del sistema acusatorio y habilidades y destrezas técnicas que les permita desempeñarse en el juicio oral.

La capacitación deberá ser uniforme, estructurada y efectiva, debiéndose diseñar y ejecutar programas de capacitación diferenciados por funciones y/o cargos, utilizando técnicas participativas, especialmente actividades teóricas – prácticas. Dichos programas deberán ser formulados basándose en un Programa Nacional General de Capacitación, a fin de lograr uniformidad en la aplicación e interpretación de las disposiciones contenidas en el Código y evitar confusiones y distorsiones en la implementación de los nuevos institutos jurídicos.

La capacitación deberá canalizarse, a largo plazo, preferentemente a través de los institutos de capacitación de cada entidad operadora del sistema, colegios de abogados y universidades, sin que esto sea vinculante al proceso de capacitación inmediato, ya que en la mayoría de los casos aún no se cuenta con estos institutos.

Para la planificación y ejecución de actividades de capacitación, se deberán tener en cuenta los siguientes factores críticos:

i.   La gran mayoría de las instituciones operadoras del sistema de administración de justicia penal no cuentan con programas sostenidos ni con sistemas estructurados de capacitación, primando mas bien una actitud, de casi total indiferencia al mejoramiento de sus conocimientos, capacidades y habilidades.

Como primer intento formal, a través de la Ley No. 1817 de 22/12/99 del Consejo de la Judicatura, crea el Instituto de la Judicatura destinado a capacitar en forma permanente al personal jurisdiccional y administrativo del Poder Judicial y así mejorar la eficiencia de la administración de justicia. Al presente dicho Instituto se encuentra en etapa de organización y asentamiento de las bases estructurales, el mismo que en un plazo a corto plazo comenzará a funcionar.

La escasez o limitación de programas de capacitación formal al interior de las entidades operadoras del sistema genera un grave problema, más aún cuando jueces, fiscales, defensores públicos y policías señalan en el diagnóstico institucional, elaborado por el Ministerio de Justicia y Derechos Humanos, la falta de capacitación como uno de los obstáculos principales para una eficiente implementación del NCPP. Este criterio generalizado, expresa que los operadores del sistema no se sienten preparados para afrontar las exigencias del nuevo sistema procesal penal sin una preparación previa, demandándola como de urgente necesidad.

Actualmente casi ninguna institución operadora de justicia cuenta con un sistema de evaluación que permita diagnosticar, a través de métodos adecuados, las necesidades de capacitación de su personal.

La asignación de recursos económicos para la formulación y ejecución de planes y programas de capacitación, adquisición de materiales e insumos de trabajo que coadyuven a estas actividades, es muy limitada en algunas instituciones e inexistente en otras.

Elaboración del programa general de capacitación

La capacitación en la reforma procesal penal constituye una experiencia inédita y requiere pues de la elaboración de un Plan Nacional de Capacitación que establezca los objetivos integrales de la capacitación así como las estrategias, metodologías y actividades tendientes a uniformar la capacitación de los operadores.

El Plan General deberá ser elaborado de acuerdo a las necesidades reales de capacitación identificadas en el diagnóstico institucional efectuado por el Ministerio de Justicia y Derechos Humanos, a los requerimientos del NCPP, al tiempo de la *"vacatio legis"* y a la disponibilidad económica y con base participativa.

Contendrá básicamente, objetivos generales y específicos, alcance, destinatarios, contenidos mínimos, metodologías de enseñanza y entrenamiento y el diseño de actividades integrales de capacitación.

Las metodologías y actividades estarán dirigidas a la educación de adultos teniendo en cuenta que los destinatarios de la capacitación son personas profesionales con conocimientos académicos y experiencia profesional.

Los conocimientos serán transmitidos tanto en cursos generales como especiales para los que se deberán desarrollar los instrumentos y materiales de capacitación adecuados que faciliten la enseñanza. Dichos materiales deberán pasar por un proceso de validación en cursos o actividades de prueba, a fin de asegurar su eficacia.

Capacitación de capacitadores

La mejor forma de acelerar y abaratar el proceso de capacitación, sin poner en riesgo su calidad, es recurrir y habilitar a operadores del sistema que reúnan ciertas características como capacitadores de sus colegas. Estos funcionarios producirán un efecto multiplicador de la enseñanza al interior de sus propias instituciones, logrando un alcance mayor de la misma.

Entre los recursos humanos de las instituciones operadoras, se encuentran docentes universitarios, profesores, funcionarios con entrenamiento especializado en el sistema acusatorio, como es el caso de los ex-becarios de USAID que ascienden a un número de noventa (90) profesionales entre jueces, fiscales, defensores públicos e investigadores de la Policía Técnica Judicial, repartidos en todo el territorio nacional. Ellos se constituyen en una excelente fuente de capacitadores potenciales.

Se deberá iniciar un proceso de reclutamiento de capacitadores y líderes de la reforma, diseñando en principio el perfil de los mismos, para identificarlos y seleccionarlos en todos los Distritos, a fin de que éstos sean entrenados en el nuevo sistema por expertos internacionales y nacionales. Los capacitadores no sólo deberán conocer los contenidos teórico-prácticos de la reforma, sino que tendrán que adiestrarse en técnicas y metodologías de enseñanza de adultos que faciliten la transmisión efectiva de sus conocimientos.

Será necesario elaborar y ejecutar un programa de capacitación dirigido a capacitadores, con objetivos claros y alcanzables, en el que se deberán incluir a docentes académicos de las carreras de derecho de universidades de funcionamiento legal, tanto estatales como privadas de todo el país.

Institución de juzgados o circuitos procesales modelo

Habiéndose establecido, a través del análisis de las experiencias de otros países, que la mejor forma de capacitar a los operadores en el nuevo sistema es a través de cursos prácticos y participativos, es conveniente contar con estructuras modelo que cuenten con las condiciones óptimas de personal, infraestructura y equipamiento (computadoras, sistemas de vídeo, equipos de sonido y otros) en las cuáles los funcionarios de justicia puedan practicar los nuevos procedimientos y llevar a cabo el juicio oral, bajo la supervisión de profesionales experimentados que los retroalimenten adecuadamente. En este sentido, el Ministerio de Justicia y Derechos Humanos ha elaborado un proyecto para el establecimiento del Circuito Procesal Penal Modelo.

Para ello, se deberán identificar uno o más distritos judiciales, en los cuáles se instalen juzgados o salas modelo de simulación de juicios, de acuerdo a la disponibilidad de recursos.

El objetivo es que todos los operadores de justicia a nivel nacional, sean sometidos a entrenamiento, obligatoriamente por lo menos una vez, en estas salas o juzgados.

Promover y apoyar el trabajo de reformulación de los programas de estudio de las carreras de derecho de universidades públicas y privadas

En el proceso de capacitación, se debe adecuar la formación de los nuevos abogados a los cambios producidos con la reforma procesal penal. Como es de conocimiento común, actualmente las facultades de derecho privadas y estatales, en el ámbito nacional, funcionan con programas de estudios diseñados para el sistema vigente y que no se ajustan a los requerimientos del nuevo procedimiento penal. En este sentido, las universidades deben reformular los programas de estudio de sus carreras de derecho en el área penal, tanto a nivel licenciatura como de postgrado.

Asimismo, la Universidad Policial Boliviana en proceso de reestructuración, deberá reformular sus programas de estudio adecuándolos a los requerimientos del NCPP.

Para la reformulación de la curricula de todas las universidades será importante coordinar el trabajo con el C.E.U.B., la Asociación de Universidades Privadas, Centros Estudiantiles y Ministerio de Educación, con el objeto de lograr un programa de estudios modelo de manera participativa y concertada.

E.   Difusión Nacional a la Sociedad Civil

Justificación

La reforma estructural del sistema procesal penal, incumbe a la sociedad en su conjunto, toda vez que cualquier ciudadano en nuestro país puede convertirse eventualmente en actor del proceso penal, sea como testigo, imputado, víctima o jurado. Por ello, la importancia de iniciar un proceso de sensibilización, concientización y orientación jurídica dirigida a la población para que ésta conozca sus garantías, derechos fundamentales y obligaciones, así como de manera general, el nuevo sistema penal y las nuevas instituciones que introduce el Código de Procedimiento Penal. Es necesario que toda persona esté enterada de la importancia de su participación en el sistema penal, sobre todo porque éste constituye parte importante de la vida democrática y se convierte en un instrumento importante de control y lucha contra la corrupción judicial.

La difusión se constituye en otra área importante de trabajo durante el proceso de implementación. Tiene la finalidad de informar sobre los contenidos básicos del Código de Procedimiento Penal para promoverlo, lograr el compromiso de la sociedad civil con la reforma y prevenir la mala aplicación de la ley.

Como área de trabajo, la difusión se limita y dirige sólo a la sociedad civil, ya que la difusión a los operadores de justicia está inmersa en las propias actividades de capacitación.

Para definir las políticas y estrategias de difusión, es importante, entre otros, considerar los siguientes aspectos:

- Existe una falta de confianza y credibilidad por parte de la sociedad civil en el sistema de administración de justicia penal.

- La población, en su gran mayoría, no se halla mínimamente informada sobre sus derechos, garantías y obligaciones más elementales, en el caso de tener que enfrentar un proceso penal.

- La sociedad desconoce las vías de acceso al sistema de justicia para el caso de tener que hacer valer sus derechos. Existe una falta de cultura jurídica en la sociedad.

- Debido a la inoperancia del actual sistema procesal penal y por ende a la mala administración de justicia existente, la población ha tenido que recurrir a costumbres y hábitos irregulares para obtener el servicio de la justicia, fomentando e incrementando la corrupción. Estos hábitos podrán ser cambiados, si a través de la difusión se logra que la sociedad entienda que el nuevo sistema es transparente, eficiente y que garantiza un mejor servicio a la población.

• La percepción que existe en la sociedad civil de que el acceso a la justicia es privativo de algunos sectores sociales que pueden costearla, es casi general.

Propuestas generales de acción

Elaborar y aprobar el Programa Nacional de Difusión del C.P.P. para la sociedad civil

Para difundir la reforma procesal penal de manera uniforme y sostenida a nivel de la sociedad civil, es necesario contar con un Programa Nacional de Difusión en el que se establezcan objetivos, destinatarios, planes de acción, presupuesto y sistemas de monitoreo y evaluación.

Al respecto ya se tiene una estrategia previa que es importante que la misma sea convertida en el Programa Nacional de Difusión, esta estrategia fue elaborada por ALDHU (Asociación Latinoamericana de Derechos Humanos) quienes desarrollaron el desarrollo del trabajo denominado "Estrategia de Promoción y Difusión del NCPP", el mismo que servirá de base para el diseño del Programa y que contiene los siguientes anexos: i) Contenidos Mínimos de Difusión; ii) Identificación de la Población Objetivo; iii) Mapeo Institucional y de Medios; iv) Instrumentos para realizar el Diagnóstico de necesidades de difusión; v) Instrumentos de Seguimiento; vi) Esquemas de Evaluación de Impacto; y vii) Sistematización.

Organización de la Red Nacional de Difusión del NCPP.

Existen actualmente instituciones gubernamentales, organizaciones no gubernamentales, grupos dependientes de la Iglesia Católica, instituciones de derechos humanos, y otros grupos organizados, dedicados a trabajar con diferentes sectores de la sociedad civil en programas de capacitación y difusión de un sinnúmero de temáticas que atañen al interés de la población.

Estas organizaciones con un buen conocimiento de la realidad cultural, educacional, social y económica de sus grupos meta, han logrado identificar y validar los métodos más adecuados de acercamiento, difusión y enseñanza aplicables a cada uno de los mencionados grupos.

Siendo la reforma procesal penal una temática importante para la población en general, ya que ésta repercute en la vida de cada uno de sus individuos, es necesario llegar a la sociedad civil a través de canales de difusión con experiencia en esta área como son las organizaciones y grupos referidos anteriormente, a fin de generar el compromiso de todos los ciudadanos con la reforma.

Con el objeto de iniciar un proceso de difusión a nivel nacional, que transmita los contenidos básicos del C.P.P. de manera uniforme y precisa, es necesario y conveniente organizar una Red Nacional de Difusión, en la que podrán participar principalmente, organizaciones no gubernamentales, grupos de la Iglesia Católica y organizaciones gubernamentales, tales como los Colegios y Centros Educativos para Adultos.

Capacitar facilitadores de difusión

Al ser el Código de Procedimiento Penal un cuerpo de disposiciones netamente jurídicas, por tanto de interpretación técnica específica, no se puede esperar que las organizaciones que formarán parte de la Red Nacional de Difusión estén inmediatamente habilitadas para realizar una difusión responsable, efectiva y precisa. Por ello, será necesario, a través de los profesionales técnicos, capacitar a dichas organizaciones en el manejo de temas, materiales y metodología que formen parte del Programa General Nacional de Difusión.

Es necesario reconocer que cada organización tiene su propia metodología de trabajo adecuada a su grupo objetivo. Sin embargo, en el caso de la difusión del Código de Procedimiento Penal, es importante que dichas entidades utilicen los materiales, contenidos mínimos y asuman los métodos de difusión identificados en el Programa Nacional de Difusión, con el fin de uniformar los mensajes a la sociedad y evitar posibles distorsiones en la transmisión de la información y conocimientos.

Elaborar y validar materiales e instrumentos de difusión

Los instrumentos que sean identificados como los más adecuados para el proceso de difusión a la sociedad civil, requieren de una instancia previa de elaboración y validación, no sólo en cuanto a su contenido, sino también en cuanto a aspectos de orden técnico como la elaboración de cartillas, afiches, *spot* publicitarios y programas radiales, que faciliten la transmisión de mensajes a la sociedad civil.

El proceso de validación se podrá efectuar en talleres con la participación de facilitadores y grupos de la sociedad civil, en los que se utilizarán los instrumentos y materiales desarrollados a fin de aplicarlos y evaluar su impacto.

Evaluar el impacto de la difusión

Después de un año de ejecución del Programa Nacional de Difusión, se deberá realizar una evaluación de impacto, previa identificación de resultados buscados e indicadores de eficiencia, para poder verificar el grado de comprensión y aceptación de la sociedad respecto del nuevo sistema procesal penal. Para ello, al inicio del proceso de difusión, se necesitará medir el grado de conocimiento y aprobación de la reforma, a fin de contar con una base comparativa para el momento de evaluación del impacto.

F. Descongestionamiento y Liquidación de Causas

Justificación

El NCPP, en sus Disposiciones Transitorias, establece que las causas en trámite se regirán por el Código de Procedimiento Penal vigente, la Ley N° 1008 del Régimen de la Coca y Sustancias Controladas y la Ley N° 1685 de Fianza Juratoria, y que a partir de la publicación del nuevo Código todas las causas deberán ser concluidas en el término de cinco años.

Esos cinco años comprenden: a) los dos años de la *"vacatio legis"*, etapa denominada también de Descongestionamiento en la que se deberá realizar el mayor esfuerzo para resolver las causas de forma más rápida y alivianar la carga de trabajo del sistema; y, b) la etapa de Liquidación, que abarca los subsiguientes tres años, en los cuáles se prevé la vigencia y aplicación plena del NCPP en las causas nuevas que ingresen y la aplicación del sistema procesal que se sustituye en las causas pendientes de resolución que se iniciaron con el anterior Código de Procedimiento Penal.

Al vencimiento del término de cinco años establecido en las mencionadas Disposiciones Transitorias del Código de Procedimiento Penal, se dispondrá la extinción extraordinaria de la acción penal de aquellas causas que no se hayan logrado resolver.

Una de las principales críticas de la sociedad al sistema procesal penal vigente, es la retardación de justicia y el congestionamiento de causas, provocando una creciente desconfianza ciudadana en la administración de justicia boliviana.

Estudios elaborados por ILANUD en 1992 informan que, en un 34 % de las causas penales examinadas el proceso ha tenido una duración de dos a cinco años; de cinco a diez años en el 12,5%; de diez a quince años en el 4,6%; de diez a quince años a veinte años el 0,5%; y mayor a 20 años el 0,3%, situación que ha generado un efecto multiplicador en la falta de confianza ciudadana en los órganos de administración de justicia y la saturación de los juzgados penales. Las cifras son elocuentes al respecto.

Un reciente estudio de post-grado, desde otro enfoque, destaca que en los juzgados penales de instrucción de La Paz se registra un promedio anual de ingreso de 3.000 casos y solamente se despachan en el mismo período 150 causas. La capacidad de respuesta de los órganos de persecución penal a los requerimientos de justicia en materia penal es mínima. Esa abismal brecha entre demanda y respuesta, debe acortarse paulatinamente, es preciso superar el atraso en la solución jurisdiccional del conflicto penal.

El actual sistema de administración de justicia se caracteriza por ser excesivamente formalista y lento en la práctica. Esto no se debe sólo a su diseño, que en términos generales no responde a los criterios de una justicia pronta y transparente, sino también a la aplicación de criterios de administración del despacho judicial excesivamente escriturado; así como al incumplimiento de plazos y términos procesales; a los tiempos muertos generados por el uso excesivo y pocas veces necesario del decreto de "vista fiscal" y a la forma de tramitación del mismo que motiva diligencias de notificación, de remisión del expediente a despacho del fiscal adscrito al juzgado, debiendo agregarse la falta de señalamiento de un plazo expreso para la emisión del correspondiente requerimiento.

Propuestas generales de acción

Descongestionamiento

Inventariación de causas en trámite y en pre-archivo

Si bien se tiene conciencia a todo nivel de la sociedad civil, medios masivos de comunicación, autoridades y personas directamente o indirectamente relacionadas con la persecución penal, que la saturación del sistema de administración de justicia penal es un hecho, la dimensión real del problema no se halla cuali-cuantificada con precisión. El impacto de este problema, como sus variables variarán de distrito a distrito y de juzgado a juzgado, por lo que es preciso relevar información sobre el número y estado actual de las causas en trámite y en pre-archivo.

La inventariación de causas debe realizarse de forma programada, para evitar que se afecten las actividades cotidianas del órgano jurisdiccional y se agrave el problema de la retardación de justicia.

Esta actividad demandará la capacitación de jueces, secretarios, actuarios y auxiliares en técnicas de relevamiento de información, tabulación de datos y elaboración de informes. Esos datos permitirán conocer la real magnitud del problema para formularse los nuevos criterios a aplicarse y las metas a alcanzar.

Actualizada la información, antes del término de la *"vacatio legis"*, se podrá establecer racionalmente, el número y distribución nacional, regional y local de juzgados liquidadores a conformarse, una vez que el nuevo Código entre en vigencia plena. También será posible evaluar objetivamente la evolución del problema de congestionamiento de causas, para aplicarse los correctivos necesarios.

Elaboración y ejecución de una estrategia nacional de descongestionamiento de causas

Las respuestas o criterios de descongestionamiento de causas, deben surgir del propio Código de Procedimiento Penal vigente y de la aplicación anticipada de salidas alternativas establecidas en el nuevo C.P.P.

Para posibilitar la agilización en la resolución de causas, inclusive a través de la aplicación del impulso procesal de oficio y la aplicación, a nivel nacional, de trámites uniformes, ágiles y expeditos, se requiere de un esfuerzo de coordinación de las instancias jerárquicas de los órganos jurisdiccionales, Ministerio Público, Ministerio de Justicia y Derechos Humanos, policía nacional y Colegio Nacional de Abogados, para que se planteen estrategias de descongestionamiento adecuadas.

El logro de las metas dependerá fundamentalmente de la aplicación oportuna y uniforme de los criterios de aplicación e interpretación de la ley procesal definidos en la estrategia, lo que demandará también una capacitación orientada a este fin.

Evaluación del proceso de descongestionamiento y preparación de la etapa de liquidación.

Las actividades de descongestionamiento deben ser orientadas de manera tal que no sólo se cumpla con el objetivo de facilitar la resolución oportuna y en lo posible acelerada de las causas en trámite, sino también como etapa preparatoria del período de liquidación, ambos planes deben complementarse.

A través de un adecuado proceso de evaluación, se medirá con la mayor precisión posible si las metas de las estrategias de descongestionamiento se alcanzaron o no y se conocerá el impacto real de las mismas en el despacho y resolución de causas penales.

Para la evaluación es preciso obtener información actualizada de la base de datos, algunos meses antes del vencimiento del término de la vacatio legis, a fin de conocer el número de causas que continúan en trámite y pre-archivo que servirán de parámetro para el diseño de la estructura y readecuación de los instrumentos de la etapa de liquidación de causas.

Diseño de la estructura y formulación de estrategias de liquidación de causas.

En base a los datos actualizados arriba mencionados, se deberá diseñar la estructura de liquidación determinando el requerimiento de personal tanto del Poder Judicial como del Ministerio Público y materiales necesarios para el despacho y resolución de causas en trámite presentadas hasta el último día de la *"vacatio legis"*. Con el fin de facilitar el trabajo, el Ministerio de Justicia y Derechos Humanos ha desarrollado bases estratégicas para la liquidación de causas, las mismas que podrán servir al CEI para la formulación del correspondiente programa.

Las estrategias de liquidación de causas se deberán formular en base a la experiencia obtenida durante el proceso de descongestionamiento. Para conformar la estructura liquidadora, se deberán formular no sólo criterios para la redistribución de causas sino deberán elaborarse perfiles de jueces, fiscales y defensores públicos liquidadores.

Ejecución de la estrategia de liquidación de causas

Identificados los operadores que conformarán la estructura liquidadora, se planificará el inicio de actividades inmediatamente entre en vigencia plena el NCPP. Los sistemas de redistribución de causas deben ser definidos de tal modo que se equilibre adecuadamente la carga de trabajo entre los operadores.

Seguimiento y evaluación del proceso de liquidación

El seguimiento y evaluación del proceso de liquidación, a través de metodología específica, debe ser permanente, ya que en lo posible se debe evitar la prescripción extraordinaria de los procesos a través de la oportuna aplicación de medidas correctivas.

G.   Participación y Coordinación Institucional

Compromiso y participación institucional

La principal característica del proceso de implementación del NCPP, es que este engloba e integra a todas las instituciones que conforman el sistema de administración de justicia penal en nuestro país. Concretamente considera la Corte Suprema de Justicia, Cortes Superiores de Distrito, Consejo de la Judicatura, Ministerio Público, órganos de investigación de hechos delictivos dependientes de la policía nacional, defensa pública, colegios de abogados y universidades. Asimismo, involucra a los Poderes Legislativo y Ejecutivo y a la sociedad civil en su conjunto.

Por tanto, debemos estar conscientes que la acción concertada podrá potenciar el trabajo de implementación de la reforma de cada una de estas entidades sin poner en riesgo sus respectivas misiones, pues las decisiones que en la materia tome cada institución, tendrán efectos positivos o negativos en las restantes.

Es evidente que el trabajo de implementación de la reforma procesal penal requerirá no sólo el compromiso firme de los niveles jerárquicos de estas entidades operadoras del sistema, sino también del involucramiento, participación y liderazgo proactivo de todos los niveles organizacionales de estas instituciones, así como de las demás entidades mencionadas, para que a través de un trabajo mancomunado, coordinado e interactuante, se potencie la labor y se logre eficacia y eficiencia en el proceso de implementación.

Por ello, es necesario que todas las instituciones operadoras del sistema se hagan responsables por el éxito del trabajo de implementación del nuevo sistema, razón por la que ninguna de estas entidades deberá excusarse de participar y asumir un compromiso conjunto y significativo en la formulación y ejecución de todas las actividades inherentes a la implementación.

Las autoridades jerárquicas de cada entidad operadora del sistema, coordinarán políticas y estrategias para imprimir una dinámica integral a este proceso, haciendo que todos los miembros y funcionarios de estas organizaciones asuman un compromiso con la reforma y trabajen apoyándose mutuamente, con rapidez y flexibilidad, acoplando ideas y capitalizando así la creatividad y aportes de todos y cada uno de los operadores del sistema de administración de justicia.

La participación de los operadores de justicia en el proceso de implementación de ninguna manera deberá ser impuesta u obligada, por el contrario se tendrá que llegar a cada operador, a través de procesos previos de planificación, coordinación, comunicación y capacitación. Sólo así se constituirán en partícipes voluntarios y comprometidos en ésta experiencia y se minimizará el riesgo de crear resistencia al cambio que puedan generar "boicots" en el proceso de implementación de la reforma.

Anexo III
Perfiles de las Instituciones Organizadoras

Fundación para el Debido Proceso Legal

La Fundación para el Debido Proceso Legal es una organización no-gubernamental y sin fines de lucro que tiene su sede en Washington, DC, Estados Unidos. El propósito de la Fundación es promover la reforma y modernización de los sistemas nacionales de justicia en el hemisferio occidental. El enfoque de las actividades se centra en la reforma y mejoramiento de los sistemas de justicia, incluyendo la administración de justicia en lo penal, civil, administrativa y comercial, así como en formas alternativas de resolución de conflictos.

La Fundación implementa y apoya actividades de educación, intercambio e investigación, y ofrece asistencia técnica sobre reformas constitucionales, legislativas y administrativas, y sobre políticas diseñadas para asegurar que los estados de la región incorporen plenamente los instrumentos regionales relevantes a los derechos humanos en la administración de sus sistemas de justicia. Las actividades de la Fundación también están dirigidas a las reformas de los sistemas de justicia en general y a la expansión de las garantías regionales en esta materia.

La Fundación patrocina y apoya seminarios, conferencias y programas de capacitación y prepara publicaciones para estimular la discusión sobre la necesidad de reformas nacionales, provee información sobre la naturaleza de las garantías regionales e internacionales relevantes, y ofrece capacitación en las habilidades pertinentes.

La Fundación tiene como propósito promover y difundir las actividades y jurisprudencia de las instituciones interamericanas para la promoción y protección de los derechos humanos, especialmente las de la Comisión y de la Corte Interamericana de Derechos Humanos. La Fundación también promoverá la educación sobre el estado de derecho y sobre las instituciones y condiciones necesarias para asegurar y fortalecer el goce pleno de los derechos humanos en sociedades democráticas.

El Consejo Directivo de la Fundación incluye a: Reinaldo Figueredo Planchart, Presidente del Consejo (Ex Ministro de Relaciones Exteriores de Venezuela), William D. Rogers, Vice Presidente del Consejo (Ex Secretario de Estado Adjunto para Asuntos de América Latina), Douglass Cassel, Presidente de la Fundación (Vice Presidente del Consejo Directivo, Centro de Estudios de Justicia de las Américas), Belisario Betancur (Ex Presidente de Colombia), Jorge Carpizo (Ex Procurador General de México), Javier Pérez de Cuéllar (Ex Secretario General de las Naciones Unidas y Primer Ministro del Perú), Osvaldo Hurtado (Ex Presidente del Ecuador), Alain Philippson (Presidente, Banque Degroof, Bélgica), Sonia Picado (Ex Directora, Instituto Interamericano de Derechos Humanos), Carlos Roberto Reina (Ex Presidente de Honduras), Ronald Scheman (Director General de la Agencia Interamericana de Cooperación y Desarrollo). El fundador de la fundación, Juez Thomas Buergenthal, ahora es miembro de la Corte Internacional de Justicia, y es Presidente Honorario de la Fundación.

Margaret Popkin, Directora Ejecutiva
Due Process of Law Foundation
1779 Massachusetts Ave. NW, Suite 510A
Washington, DC 20036
Teléfono: 202-462-7701
Fax: 202-462-7703
www.dplf.org o info@dplf.org

Universidad San Francisco de Quito

La Universidad San Francisco de Quito es una entidad privada, sin fines de lucro, fundamentada en las artes liberales, que busca formar líderes: personas innovadoras (que aceptan el cambio, lo fomentan y lo utilizan para una sociedad más justa y ecuánime), creativas (impulsadoras de nuevas ideas) y de carácter empresarial (que toman riesgos basados en el buen conocimiento y con sabiduría). La misión de la universidad es formar a la persona, además de educarla e instruirla. Es decir, busca que la persona aprenda a diseñar el mapa de su vida, a ser el promotor de su proyecto vital. El sistema de aprendizaje está orientado a que los estudiantes tomen la responsabilidad de su aprendizaje.

Con estos objetivos, la universidad contrata profesores de la más alta capacidad académica, que se caractericen, ante todo, por su don de gentes, su calidad humana, su cultura y, en general, por la motivación a los estudiantes en su búsqueda del conocimiento. La biblioteca de USFQ es la biblioteca académica más moderna del país. Asimismo, la Universidad tiene el compromiso de mantener un sistema académico de calidad internacional, único en América Latina.

La Universidad San Francisco de Quito es la realización de un sueño de su promotor, el Dr. Santiago Gangotena González y el aporte desinteresado de muchas personas. Gracias a la conjunción de varios factores se logró finalmente en el año de 1980 reunir a un importante número de académicos y empresarios de la región para conformar la entidad sin fines de lucro Corporación de Promoción Universitaria. Su principal propósito es incentivar al sistema educativo superior y crear una universidad privada en Ecuador. El aporte de empresas e individuos logró cristalizar este proyecto, que abrió sus puertas el 1ro. de septiembre de 1988.

La Universidad fue oficialmente reconocida por el estado ecuatoriano en octubre de 1995. Es una universidad privada y laica, que ofrece una preparación integral y humanista a sus estudiantes. Su admisión está abierta a toda persona sin restricciones de sexo, raza, religión o ideología política. La aceptación de un aspirante a la Universidad es un reconocimiento a su potencial humano y capacidad intelectual y no es un derecho. La Universidad se mantiene gracias a los aportes de la Corporación de Promoción Universitaria, la cual busca la excelencia académica en todas sus acciones. Por lo tanto, es política de la Corporación hacer todo lo posible para que cualquier estudiante que requiera asistencia económica la obtenga.

Universidad San Francisco de Quito
Campus Cumbayá
Vía Interoceánica y Diego de Robles
(entrada a Jardines del Este)
P.O. Box 17-1200-841
Quito, Ecuador
Fono: 593-2-895-073/724/725
Fax: 593-2-890-070
www.usfq.edu.ec

Fundación Esquel - Ecuador (FEE)

La Fundación Esquel - Ecuador se constituyó legalmente el 31 de agosto de 1990 y los primeros proyectos de desarrollo se iniciaron a finales de ese mismo año.

Esquel es una organización de la sociedad civil sin fines de lucro, independiente de todo movimiento político y religioso, que busca contribuir al desarrollo humano sustentable del Ecuador, al mejoramiento de la calidad de vida de los pobres y a la construcción de una sociedad democrática y solidaria.

Esquel es una organización que forma redes con organizaciones en todo el país con las que ejecuta en forma directa programas y proyectos; es cofinanciador de proyectos de desarrollo a través de donaciones, créditos, capital de riesgo y fondos rotativos; es constructor de capacidades, puesto que se esfuerza por elevar el potencial de gestión de las organizaciones no gubernamentales y asociaciones de base para que puedan continuar sus esfuerzos de desarrollo de manera sostenible y eficiente; es auspiciador de diálogos, por lo que mantiene una capacidad de convocatoria, que permite incorporar varios temas al debate nacional, cuyo análisis se había circunscrito a grupos especializados; y es promotor de responsabilidad social, porque considera que las tareas del desarrollo involucran necesariamente a individuos, organizaciones y empresas.

Los programas y proyectos de Esquel cubren toda la geografía nacional y tienden a generar una capacidad sostenida de los sujetos sociales beneficiados como de sus comunidades. Los proyectos dan especial importancia al fortalecimiento de organizaciones sociales que expresan de una manera representativa y participativa los intereses de los niños/as, jóvenes, mujeres e indígenas, especialmente, que se hallan ubicados en las áreas populares, urbano marginales y en el campo.

El trabajo realizado por Esquel le ha permitido legitimar un espacio en la sociedad ecuatoriana, liderar un proceso sostenido en favor de sectores sociales en situación de pobreza, así como relacionarse con entidades del sector público ecuatoriano, con alrededor de 150 ONGs, 200 organizaciones populares del país y 180 organizaciones juveniles.

Fundacion Esquel - Ecuador
Econ. Cornelio Marchán Carrasco, Presidente Ejecutivo
Av Colón 1346, of. 12 y 8
Casilla 17079013
Quito, Ecuador
Telefono 593-2 520001
www.esquel.org.ec
www.fondodemocracia.org

Centro de Estudios de Justicia de las Américas

El Centro de Estudios de Justicia de las Américas es una entidad intergubernamental, con autonomía técnica y operativa, establecida en el año 1999 por resolución de la Asamblea General de la Organización de Estados Americanos, en cumplimiento de los mandatos contenidos en el Plan de Acción de la Segunda Cumbre de las Américas (Santiago, abril de 1998) y las recomendaciones adoptadas en las Reuniones de Ministros de Justicia o de Ministros o Procuradores Generales de las Américas (REMJA).

Los miembros del Centro son todos los estados integrantes de la OEA. Su sede se encuentra en Santiago de Chile. La dirección del Centro corresponde a un consejo integrado por siete personas escogidas por la Asamblea General de la OEA a título personal. Actualmente forman parte de él las siguientes personas: Mónica Nagel, Costa Rica, presidenta; Douglas Cassel, Estados Unidos, Vicepresidente; Soledad Alvear, Chile; José Ovalle, México; Karl Hudson-Philips, Trinidad y Tobago; Raphael Carl Rattray, Jamaica, y Federico Callizo, Paraguay.

Este Centro nace de la convicción regional de que la justicia es un componente esencial tanto de la democracia, como del desarrollo económico y social de los países. Sin embargo, muchos de los sistemas de justicia en la región, pese a los esfuerzos por modernizarlos emprendidos en los últimos años, aún no logran satisfacer las expectativas puestas en ellos. El Centro tiene por finalidad darle un nuevo impulso a ese proceso de reformas, a la par de utilizar las sinergias que el trabajo regional puede generar en este sector.

El Centro busca aumentar la cantidad y la calidad de la información disponible sobre el funcionamiento de los sistemas judiciales y los procesos de reforma que en ellos se están desarrollando. Perseguirá elevar el profesionalismo y la capacidad técnica en esta área, enriqueciendo el enfoque jurídico con que tradicionalmente se han tratado estos temas, con la perspectiva y los instrumentos propios de las políticas públicas; acercando, a la par, tales conocimientos al nivel de las decisiones políticas. Buscará, adicionalmente, intercambiar conocimientos y experiencias entre países con tradiciones jurídicas e institucionales de tipo anglosajón y aquellos de raigambre europeo-continental.

Los objetivos del Centro, según sus estatutos, son los de facilitar el perfeccionamiento de los recursos humanos, facilitar el intercambio de información y otras formas de cooperación técnica y facilitar el apoyo a los procesos de reforma y modernización de los sistemas de justicia de la región.

En consonancia con tales objetivos, el Centro elabora y mantiene un Centro de Información sobre el funcionamiento del sector judicial; realiza estudios, especialmente de seguimiento de procesos de reforma en la región; desarrolla actividades de capacitación, y brinda asistencia técnica a los países miembros.

Centro de Estudios de Justicia de las Américas
Juan Enrique Vargas, Director Ejecutivo
Miguel Claro No. 1460, Providencia
Santiago, Chile
Fono: 556-2-274-2911 / 274-2933
www.ceja.cl o info@cdjchile.cl